COMO COMPREENDER MODA

COMO COMPREENDER MODA

Guia rápido para entender estilos

Editora Senac São Paulo – São Paulo – 2018

Fiona Ffoulkes

ADMINISTRAÇÃO REGIONAL DO SENAC NO ESTADO DE SÃO PAULO
Presidente do Conselho Regional: Abram Szajman
Diretor do Departamento Regional: Luiz Francisco de A. Salgado
Superintendente Universitário e de Desenvolvimento: Luiz Carlos Dourado

EDITORA SENAC SÃO PAULO
Conselho Editorial: Luiz Francisco de A. Salgado
Luiz Carlos Dourado
Darcio Sayad Maia
Lucila Mara Sbrana Sciotti
Luís Américo Tousi Botelho

Gerente/Publisher: Luís Américo Tousi Botelho
Coordenação Editorial: Ricardo Diana
Prospecção: Dolores Crisci Manzano
Administrativo: Verônica Pirani de Oliveira
Comercial: Aldair Novais Pereira

Edição de Texto: Vanessa Rodrigues
Tradução: Silvia Rezende (Ab Aeterno)
Preparação de Texto: Luciana Guimarães
Revisão de Texto: Alex Criado, Denise de Almeida, Luiza Elena Luchini
Projeto Gráfico Original: JC Lanaway
Imagem da Capa: John French, V&C Images, Victoria and Albert Museum.
Imagem da Quarta Capa: V&C Images, Victoria and Albert Museum.
Cortesia de Vivienne Westwood
Imagem da Orelha: V&A Images, Victoria and Albert Museum.

Título original: *How to Read Fashion: a Crash Course in Understanding Styles*
Publicado originalmente na Grã-Bretanha, em 2010, por Herbert Press,
um selo da A&C Black Publishers Limited

MISTO
Papel | Apoiando o manejo florestal responsável
FSC
www.fsc.org
FSC® C008047

Editora Senac São Paulo
Av. Engenheiro Eusébio Stevaux, 823 – Prédio Editora
Jurubatuba – CEP 04696-000 – São Paulo – SP
Tel. (11) 2187-4450
editora@sp.senac.br
https://www.editorasenacsp.com.br

OBRA ATUALIZADA CONFORME
O **NOVO ACORDO ORTOGRÁFICO**
DA LÍNGUA PORTUGUESA.

Dados Internacionais de Catalogação na Publicação (CIP)
(Jeane Passos de Souza – CRB 8ª/6189)

Ffoulkes, Fiona
Como compreender moda: guia rápido para entender estilos / Fiona Ffoulkes; [tradução Silvia Rezende]. – São Paulo: Editora Senac São Paulo, 2018.

Título original: How to read fashion: a crash course in understanding styles.
Bibliografia.
ISBN 978-85-396-0162-2 (impresso/2012)
e-ISBN 978-85-396-2497-3 (ePub/2018)
e-ISBN 978-85-396-2498-0 (MOBI/2018)
e-ISBN 978-85-396-2499-7 (PDF/2018)

1. Moda 2. Moda – Estilo 3. Moda – Estilo – História I. Título.

18-823s CDD-391
391.6
BISAC CRA009000
DES005000

Índices para catálogo sistemático:
1. Moda 391
2. Estilo de vestir : Moda : Costumes 391.6

Sumário

INTROD

Sandália plataforma (Ferragamo), 1938
Esta sandália colorida, de couro dourado com salto de cortiça revestido com camadas de camurça, foi relançada em edição limitada.

A moda está em toda parte e nunca recebeu tanta cobertura da mídia: desde o prêt-à-porter (em inglês, ready-to-wear – literalmente, "pronto para usar") às coleções dos grandes estilistas e ao glamour do tapete vermelho. Uma gama tão grande de estilos pode atordoar. Isso é uma criação nova ou é uma releitura, gótica ou neoclássica? Talvez ambas estejam misturadas e foram produzidas em um material inesperado, como couro ou metal. A moda é capaz de reinventar o passado, utilizando tanto a fusão como a reinterpretação de estilos, mas sempre de uma maneira inovadora.

Há uma infinidade de possibilidades nos dias atuais, já que as ideias criativas podem surgir, em igual medida, de momentos históricos, dos esportes ou mesmo das ruas – uma prova são as tatuagens temporárias lançadas em 2010 pela luxuosa Maison Chanel. Nas muitas casas de moda que permanecem ativas após a morte do estilista que as criou, os arquivos por ele deixados constituem uma rica fonte de inspiração para os novos designers. O britânico John Galliano, por exemplo, que esteve à frente da Dior entre 1997 e 2011, produziu uma versão da

ÇÃO

famosa jaqueta New Look criada pelo francês em 1947, enquanto a Ferragamo relançou a sua sandália com salto arco--íris, de 1938 – que, conta a história, foi desenhada para uma de suas famosas clientes do cinema, Judy Garland.

Personalidades marcantes – estilistas ou seus clientes, do presente ou do passado – podem se transformar em modelos a serem seguidos ou lançadores de tendências. De Josefina Bonaparte e Brigitte Bardot a Beau Brummell e Brad Pitt, os lançadores de estilos sempre foram pessoas públicas, celebridades acompanhadas pela mídia. Nos anos 1950, a naturalmente elegante Grace Kelly deu nome à bolsa que possivelmente se tornou a mais famosa da história, a bolsa Kelly, confeccionada pela Hermès.

Grace Kelly, anos 1950
A moda pode estar relacionada a invenções, como a nova calça Capri vista aqui, mas também está ligada ao papel de modelo desempenhado pelas celebridades. O elegante estilo formal ou informal de Grace Kelly, atriz e princesa de Mônaco, continua servindo de inspiração.

INTRODUÇÃO

Astros do cinema como Cary Grant e Fred Astaire marcaram época pela elegância de seus trajes formais feitos sob medida. Seja da Savile Row, em Londres, de Milão ou de Nova York, na moda masculina predominam as interpretações dos trajes tradicionais, dos fraques às calças. Desde o impacto da juventude no mercado fashion, na década de 1960, alguns estilistas tiveram um papel particularmente significativo ao superar barreiras, do chique casual de Giorgio Armani às silhuetas exageradas de Hedi Slimane e Raf Simons.

A moda masculina e a feminina sempre estiveram ligadas, e, apesar de historicamente a roupa feminina ter se apropriado de características do guarda-roupa masculino – no corte e nos tecidos usados –, o vestuário masculino também se inspirou nos trajes das mulheres.

Esta publicação se propõe a explicar estilos, materiais, técnicas e trajes que vêm marcando a moda dos últimos duzentos anos. É um guia prático que vai ajudá-lo a enxergar as pistas que decodificam referências de modas passa-

Terno risca de giz, década de 1970
John Stephen produziu elegantes modelos para homens jovens na sua butique His Chothes, na Carnaby Street, em Londres. Este terno, usado pelo chapeleiro David Shilling, tem ombros largos e calça boca de sino que destaca o corte justo ao redor do peito e da cintura.

das e as propostas de determinados estilistas. Os capítulos, organizados por tema – estilos; técnicas; materiais; traje masculino e traje feminino (formal, casual e esportivo); acessórios masculinos e femininos; joias; cabelo e maquiagem; criadores e grifes –, começam sempre com uma introdução; em seguida, são mostradas criações, de ontem e de hoje, que exemplificam o assunto abordado.

Trata-se de um livro que pretende não só auxiliar o leitor a conhecer as diferentes correntes fashion como também fazê-lo apreciar um assunto que é infinitamente fascinante – não apenas porque descreve nosso passado, mas também porque expressa o tempo em que vivemos, os avanços tecnológicos pelos quais passamos e até mesmo nossa individualidade. Principalmente, *Como compreender moda* celebra a oportunidade de nos divertimos com o jeito como nos vestimos.

Linha Y de Christian Dior, 1955
As formas criadas por Dior continuaram inspirando Galliano, que esteve à frente da marca francesa entre 1997 e 2011. Perceba o corte ajustado no corpo e a saia ampla, sustentada por sete camadas de tule de seda e trama de náilon, com uma camada adicional de tule nos quadris.

A gramática dos estilos

Introdução

Vestido de noite de alta-costura, 1923
A peça abaixo traz o refinamento da costura a mão, que marca os trajes de alta-costura. A seda colorida e os apliques de veludo bordados refletem o estilo da figurinista de teatro Natalia Goncharova, que também trabalhou para o balé russo.

As principais casas de moda sempre utilizaram o passado para reinventar novos modelos, referenciando detalhes históricos por uma infinidade de motivos. Os estilos clássico e do século XVIII podem ser vistos como uma representação de algum pináculo de excelência, enquanto outros, como o gótico, incorporam uma variedade ainda mais ampla de interpretações ligadas à história, à arte, à literatura e ao cinema. As reinterpretações da moda podem inspirar novas tendências, mas nunca são "customizadas", pois sempre existem técnicas e fatores sociais e culturais que transformam o conceito original em algo novo.

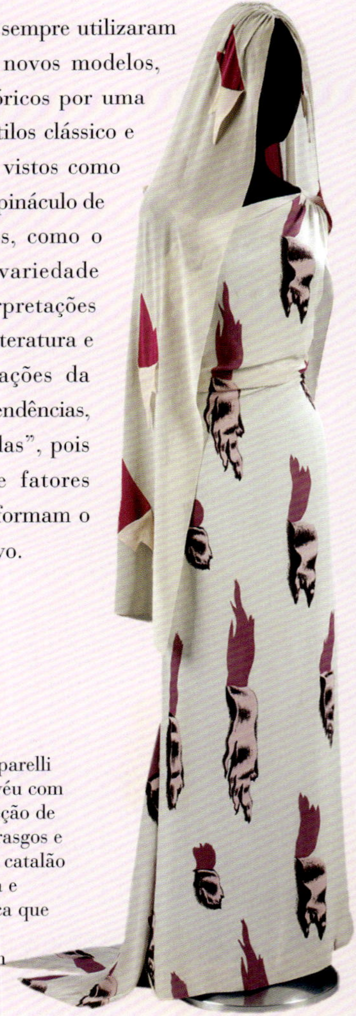

Arte, 1838 (à direita)
Este traje de noite de Elsa Schiaparelli – de viscose, raiom e seda, com véu com apliques combinando – é da coleção de 1938, a Circus Collection. Com rasgos e lágrimas desenhadas pelo pintor catalão Salvador Dalí e estampa em rosa e magenta, em *trompe l'œil* (técnica que cria ilusão de óptica), o vestido Tear ("lágrima", em inglês) é um exemplo da afinidade da moda com o surrealismo.

Século XVII, 2006 (abaixo)
Em busca de texturas ricas, este vestido de noite de alta-costura de Christian Lacroix, da coleção outono/inverno 2006, foi inteiramente montado a partir de tiras de renda e fitas em tons de dourado. O estilo foi inspirado no quadro *A infanta*, do século XVII, do espanhol Diego Velásquez.

Século XVIII, 2009 (abaixo)
John Galliano já fazia referências ao século XVIII desde os tempos de estudante de moda. Este traje foi inspirado no quadro de Thomas Gainsborough e na atitude do músico britânico contemporâneo Pete Doherty. O estilo é de época, mas o tecido do colete e o corte são modernos.

Neoclássico, 1955
Este é o tipo de vestido que parece não ter emenda de costura, baseado no drapeado clássico, pelo qual a costureira francesa Madame Grès era famosa. Treze painéis de jérsei de seda foram unidos e minuciosamente plissados, sobre um corpo reforçado por arames e barbatanas.

Histórico

Baile de máscaras, Dior, 1958
Yves Saint Laurent desenhou este vestido de tule preto para a Dior. A peça foi comprada por Wallis Simpson, a duquesa de Windsor. As saias dos anos 1860 serviram de inspiração para o estilo, a construção e os laços de enfeite.

A moda pode até tomar emprestados tecidos, estampas e adornos do passado, mas é na forma das roupas femininas que se percebe uma ligação histórica com maior clareza. Apesar de o guarda-roupa da mulher moderna se basear em trajes confortáveis, o fascínio por formas extravagantes continua, particularmente para os vestidos de noite. Estruturas de barbatana rígidas como as de espartilhos, crinolinas e anquinhas postiças continuam aparecendo nas coleções atuais.

Christian Lacroix, 2001
Neste vestido de noite, Lacroix combinou um espartilho em couro bronze do século XIX, com um acabamento em pele branca e um decote do século XVIII em chiffon verde-claro estampado. As saias são ornamentadas com lamê azul e vermelho e cetim azul brilhante.

Vestido de musselina, 1820 (à esquerda)
Existem duas referências históricas neste vestido de cintura alta de musselina. O decote franzido foi inspirado nos babados do século XVI, e a série de bufantes ao longo das mangas era conhecida como Marie, em homenagem à rainha da França Marie de Médici.

Molyneux, 1939 (à direita)
Este vestido de seda do britânico Edward Molyneux demonstra a variedade de estilos que foram criados no final dos anos 1930 como alternativa aos cortes enviesados e justos dos vestidos. Aqui, o formato da saia, com uma camada dupla de arame sustentada por quatro camadas de crinolina, é da década de 1580.

Jacques Fath, 1948 (acima)
Este vestido de noite, de seda, assinado por Jacques Fath, tem a linha do ombro proeminente da década de 1940. Entretanto, a saia é sustentada por um saiote de crinolina, e a cauda na parte de trás se ergue para formar uma camada ao estilo das anquinhas postiças do século XIX.

Gótico

Joana de Castela, 1496
Joana, herdeira do reino da Espanha, usa um vestido e uma capa feitas de lã ou veludo, com acabamento em pele de arminho. Estes tecidos continuam inspirando estilistas.

Originalmente uma referência ao período medieval, o Gótico tem sido interpretado como estilo de se vestir das mais variadas formas. No início do século XIX, os vestidos das mulheres se inspiraram na riqueza das texturas do veludo e da pele usados com ouro e joias esmaltadas, elaboradas em forma de caveiras e cruzes. Existe também uma interpretação mais sombria, ligada ao luto e a histórias de terror, identificada pelo uso de penas, couro preto e renda com motivos como morcegos e corvos.

Vestido Liberty, 1897
As formas medievais e os tecidos inspiraram este vestido confeccionado pela Liberty de Londres. As referências incluem os motivos em girassóis e romãs no rico tecido dourado, que imita os tecidos de veludo do século XV e as faixas de veludo pelúcia que lembra pele de animal.

Musique de nuit, 1956 (abaixo)
Dior deu um nome romântico a este traje de seda pura. A fotografia tirada por Richard Avedon para a *Harper's Bazaar* traz um conceito teatral sensual – uma vampira prestes a atacar e seduzir sua vítima.

Espectro, 2010 (à direita)
O inglês Gareth Pugh, famoso por seus estilos góticos, apresenta um visual dramático no rosto pálido do modelo, que remete aos filmes de terror. Aqui, sob um paletó bolerinho, as correntes ao longo do peito lembram as roupas rasgadas dos mortos-vivos.

Motivo aranha, 2010
Este vestido curto de seda feito pelo britânico Giles Deacon é estampado e bordado com aranhas enormes. Trata-se de um reflexo do interesse pessoal de Deacon por jardinagem, mas ao mesmo tempo choca devido à fobia por aranhas.

Século XVIII

Seja por causa da extravagância de Versalhes, dos penteados altos, dos tecidos florais, dos motivos em rendas ou das formas extremas, as mulheres do século XVIII continuaram inspirando grandes estilistas, desde Charles Frederick Worth, nos anos 1800, a Vivienne Westwood e Galliano, na atualidade. Os trajes masculinos também se inspiraram nas narrativas românticas de ladrões de estrada e piratas. Rabos de cavalo, camisas com mangas bufantes e botas de cano alto marcaram a moda nos anos 1960 e na década de 1980.

Vestido, 1878
O decote quadrado deste vestido adornado com renda e a frente franzida em corte princesa criam o efeito de um traje do século XVIII. A personagem Dolly Vardon, criada pelo autor britânico Charles Dickens (1812-1870) para o romance *Barnaby Rudge*, ajudou a popularizar muitos estilos do século XVIII.

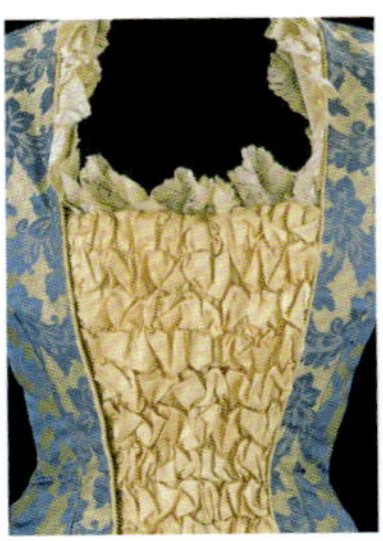

Christian Lacroix, 2003
Lacroix transforma as referências do século XVIII, como o formato do corpo e as mangas com babados, em um estilo ligeiramente usável ao empregar tecidos contemporâneos. Os toques de verde e rosa contrastam com a dramaticidade do preto e branco da blusa.

Chapéu, década de 1870
Dolly Vardon, heroína do século XVIII do escritor Charles Dickens, transformou em moda um chapéu que usa em *Barnaby Rudge*. Esta versão francesa tem características marcantes: formato circular plano de palha, enfeitado com flores de seda e fitas.

Prada, 2010 (abaixo)
As tendências da moda também se inspiram na arquitetura e nas artes decorativas. Aqui, Prada confeccionou uma sandália que evoca os luxuosos candelabros de Versalhes, mas usando materiais modernos de acrílico e PVC.

Vivienne Westwood, 1996
Em uma abordagem escultural, o vestido de noite, de seda, assinado por Westwood se parece, do lado esquerdo, com um traje formal do século XVIII, com *sack-back* e pufe "polonês". Entretanto, se visto do lado direito, ele se torna um vestido sem manga ao estilo dos anos 1990.

Clássico e neoclássico

O estilo do vestido preferido por gregos e romanos da Antiguidade é conhecido como clássico. Houve muitas recriações desse estilo – chamadas de neoclássico –, cada uma misturando elementos decorativos do período original com a moda contemporânea. Os elementos clássicos se estendem à cor, ao caimento e às joias, mas os mais característicos são os drapeados e os plissados no tecido, que acompanham os contornos naturais do corpo. Esse modo característico de plissar favorece a silhueta e pode ser aplicado à moda de qualquer período.

Vestido neoclássico, década de 1950
Este traje de noite feito de chiffon vermelho, desenhado por Jean Dessès em 1953, demonstra como o típico drapeado clássico foi aplicado à forma espartilhada dos vestidos daquela década. Dessès ficou famoso por esse estilo deusa glamourosa ao mesmo tempo simples e tecnicamente brilhante.

Vestido neoclássico, 1912
Fortuny rejeitou a forma espartilhada e desenhou roupas inspiradas no estilo neoclássico, com peças de ajuste simples que dão liberdade ao corpo. Em 1909, ele criou a primeira versão de um vestido plissado justo, chamado Delphos. Esse traje é uma variação com uma túnica mais curta e barra com peso.

Estilo neoclássico, cerca de 1800
Os cachos e o diadema da imperatriz Josefina remetem ao ideal clássico. O vestido é menos autêntico, combinando o corte logo abaixo do seio e o corpo justo do século XIX com mangas clássicas. O xale de cashmere da última moda lembra uma *palla* romana.

Vestido clássico, 400 d.C.
Um autêntico vestido romano é representado neste painel de 400 d.C. A sacerdotisa usa uma túnica longa ou stola, com um manto drapeado sobre o ombro. As roupas eram drapeadas e dobradas, e presas por nós, broches, alfinetes ou cintos, com barras com pesos para criar a fusão ideal da forma com o tecido.

Neoclássico, 2009
Este vestido de chiffon de seda, de 2009, criado pela britânica Alice Temperley, é baseado nas túnicas das serviçais dos tempos clássicos. A peça tem um drapeado no ombro esquerdo, como o da sacerdotisa romana, combinando com um cinto prateado contemporâneo e uma decoração de pequenas contas.

Império

Dior, alta-costura, 2005
Esta peça de organza e com casaquinho curto de cetim duquesa é bordada com fios de prata e foi inspirada nos vestidos e caudas usados pela imperatriz Josefina. John Galliano batizou o volumoso modelo de vestido Fertilidade.

As linhas deste estilo descrevem uma cintura marcada logo abaixo dos seios ou silhueta em formato de A. O nome refere-se ao império francês de Napoleão I, quando a imperatriz, Josefina, e seu modista, LeRoy, lançaram a nova moda na Corte. Interpretações modernas têm incluído o estilo de penteado neoclássico que ela usava, com cachos emoldurando o rosto, adornos para o alto, mangas bufantes e delicados vestidos de seda, bordados com fios coloridos de seda, prata e ouro.

Cartier, 1926
A tiara Cartier é posicionada na parte mais baixa da testa, assim como eram usadas no império de Napoleão, mas a combinação de materiais – provavelmente, platina, lápis-lazúli, ônix e diamantes – é especificamente do estilo *art déco* (anos 1920).

Poiret, 1912 (abaixo)
A modelo de Paul Poiret usa um vestido de dia de cintura alta, em tecido chinês floral, que ecoa o formato dos trajes do estilo império.

Luella Bartley, 2010 (à direita)
Este vestido foi baseado na interpretação minimalista dos anos 1960 do estilo império. Tem cintura alta marcada por um laço preto e que chama atenção para o corpo justinho. Entretanto, a saia lembra a silhueta curva do final dos anos 1950.

Dolce & Gabbana, 2006 (abaixo)
Um paletó formal baseado nos trajes bordados usados na Corte de Napoleão ganhou um visual mais casual. O verde foi usado para decorar os aposentos do imperador e era também a cor da sua túnica quando ele foi coroado rei da Itália.

Exótico – Japão

Vestido de noite, 1891
Elementos do estilo japonês eram evidentes neste vestido do final do século XIX, depois que o Japão abriu suas fronteiras para o Ocidente. O tecido mostra o estilo distinto que eles têm de fazer um contraste dramático entre formas claras, cores vivas e fundo preto.

O estilo e a cultura japoneses tiveram um impacto profundo na arte e no modo de se vestir ocidental, particularmente no final do século XIX e da década de 1980. O Japão abriu suas fronteiras para o mundo em 1854, e de tempos em tempos a influência do estilo nipônico pode ser vista no Ocidente, na maioria das vezes reconhecida em um quimono em formato de T e nos tecidos estampados. Foi em Paris, durante os anos 1980, que os estilistas japoneses, incluindo Issey Miyake e Yohji Yamamoto, retrabalharam suas tradições e produziram uma silhueta diferente da dos vestidos ocidentais.

Dior, 2007
O vívido tailleur rosa fez parte da coleção de alta-costura de John Galliano, que funde o glamour de *Madame Butterfly* com as formas anguladas do origami. As complexas dobraduras de papel são transpostas com perfeição para o tecido, que é ao mesmo tempo de matelassê e bordado.

Roupas em camadas, 1996 (à direita)
Shirin Guild desenhou um conjunto de linho em camadas, que inclui um colete e dois paletós. A sobreposição de quimonos é o método tradicional japonês de mostrar bom gosto e *status* – doze quimonos foram usados no casamento real em 1993.

Poiret, 1913 (acima)
Paul Poiret se interessava por formatos simples que libertam o corpo e pelas cores exóticas do fauvismo e do balé russo. Este casaco amarelo de lã, inspirado em um quimono japonês, demonstra a sua aproximação com a arte do desenho.

Alexander McQueen, 2006
McQueen, falecido em 2010, brincou com as convenções neste traje para noite, ao fundir um fraque com o formato menos ajustado de um quimono de mangas largas. Ao usar uma seda brilhante, a roupa é dotada de um estilo extravagante e, ao mesmo, tempo formal.

Exótico – África

Gaultier, 2005
Jean-Paul Gaultier é famoso por seus temas fortes e pelas interpretações usáveis de suas ideias. O tema desta coleção de alta-costura foi a rainha África; máscaras africanas inspiraram o vestido de seda mostrado abaixo.

Há muito tempo o Ocidente vê a África como um lugar exótico, caracterizado por materiais naturais, cores intensas e animais selvagens, incluindo as zebras, os leões e os leopardos. A estampa de leopardo é um motivo bastante popular desde o século XVIII, e elementos decorativos de vestes cerimoniais utilizando ráfia, penas e contas têm sido aplicados em trajes ocidentais. Até mesmo as estátuas da fertilidade feitas em madeira serviram de inspiração para estilistas contemporâneos, como Jean-Paul Gaultier, para produzir formatos cônicos de bustiês e vestidos.

Vestido de noite, 1948 (à direita)
A designer Matilda Etches utilizou este tecido (estampado em Manchester e imitando o batik) para criar um vestido inspirado nas roupas enroladas usadas pelas mulheres africanas ocidentais. Nesta interpretação, há uma base estruturada que dá suporte ao drapeado ao redor do corpo e à frente do quadril.

Casaco de pele, anos 1960 (à direita)
A pose da modelo nesta fotografia reforça a ligação entre a pele, a riqueza e o luxo. Jackie Kennedy fez o casaco de pele de leopardo virar moda quando, em 1964, seu estilista Oleg Cassini sugeriu que a ex-primeira dama norte-americana vestisse um.

Vestido de noite, 1936 (acima)
As exposições sobre as colônias e os filmes *Tarzan* ajudaram a promover, nos anos 1930, uma moda de inspiração africana. Este vestido assimétrico, desenhado pela famosa casa Busvine, tem formato justo, muito em moda na época, realçado pela estampa em diagonal de leopardo.

Jaqueta Dior, 2009
A jaqueta listrada de John Galliano segue a tendência corrente de estampas de animais, com o incomum preto com listras brancas de zebra. A estampa é engenhosamente posicionada na vertical sobre a jaqueta, enquanto as "orelhas" conferem um toque de humor.

Artístico

A arte vem exercendo grande influência na moda desde a década de 1890, quando o vestido estético foi criado como uma reação às roupas restritivas da época. Nos anos 1930, a estilista Elsa Schiaparelli trabalhou com Dalí e Cocteau para criar alguns motivos incomuns para o vestuário, como um sapato de cabeça para baixo usado como chapéu e um colar de insetos. Desde a década de 1960, a moda vem constituindo não só uma tela em branco para os estilistas como também uma oportunidade conceitual para esses criadores.

Chique conceitual, 2010
A grife Viktor & Rolf produziu um vestido inspirado no conceito de corte de gastos pós-crise econômica mundial. Nesta interpretação literal, o buraco enorme que ultrapassa as várias camadas de tule cria um efeito que ao mesmo tempo encanta e espanta.

Vestido estético, 1905
O vestido estético foi adotado pelas mulheres que rejeitavam as roupas apertadas e de cores austeras do final do século XIX e início do XX. Este, de veludo bordado, não restringe os movimentos do corpo (nem os da peça), e o tom violeta mais suave foi considerado harmonioso.

Trompe l'oeil, 2008
Alguns modelos de Sonia Rykiel incorporam o jogo visual, no que devem muito ao surrealismo. Aqui, os passantes do cinto são de verdade, mas o cinto em si não passa de uma imagem chapada. Do mesmo modo, as voltas do laço são tridimensionais, mas as pontas não.

Vestido esqueleto, 1938 (à esquerda)
O vestido em crepe de seda preto de Elsa Schiaparelli, de 1938, desenhado em parceria com Dalí, liga o surrealismo à moda. O corte justo adere perfeitamente às convenções da época, mas o bordado com enchimento em formato de coluna vertebral e costelas foi feito para chocar.

Vestido Mondrian, 1965 (à direita)
Este cocktail dress desenhado por Yves Saint Laurent faz parte de um grupo de vestidos inspirados nas pinturas abstratas de Piet Mondrian. O formato simples constitui uma "tela" para o desenho, baseado nos blocos coloridos divididos por linhas pretas.

Militar

Os uniformes militares funcionais e de gala há muito inspiram o formato, o corte e os enfeites de roupas masculinas e femininas. Pode-se perceber essa influência em tecidos, cores e estampas – por exemplo, o cáqui e as estampas de camuflagem – e no uso de cores brilhantes, botões de metal e debruns. Ao tirar os uniformes do seu contexto, os estilistas são capazes de subverter a mensagem original de poder e domínio que aquelas peças carregam.

Jaqueta estilo banda marcial, 2009
O estilista francês Christophe Decarnin desenhou uma série de jaquetas inspiradas nos trajes dos integrantes de bandas marciais e usadas por Michael Jackson nos anos 1980. A linha dos ombros extremamente arredondada chama a atenção para os debruns militares.

Mulher em traje de montaria, década de 1780
O quadro de Robert Dighton – uma mulher em um traje de montaria vermelho – demonstra a tendência militar em jaquetas femininas. Os ombros são realçados por dragonas com franjas douradas, e a peça tem um corte masculino, ajustada atrás para formar uma anquinha.

Conjunto camuflagem Otan, década de 1980
No final dos anos 1980, o visual militante negro, o estilo bad boy, foi simbolizado pela banda Public Enemy, que se vestia com uniformes parecidos com os de camuflagem da Organização do Tratado do Atlântico Norte (Otan), na foto ao lado.

Jaqueta Sargent Pepper, 2006
A jaqueta de cetim de Hedi Slimane inspirada em *Sgt. Pepper* fez parte da coleção cujo tema eram os anos 1960 e mostrou seu talento para a alfaiataria e a silhueta esbelta, que é a sua assinatura. Esse tipo de jaqueta teatral agradou a clientes da música e do cinema no mundo todo.

Jaqueta de montaria, 1880 (acima)
Redfern, a famosa casa que confeccionou esta jaqueta de montaria em flanela, era conhecida por confeccionar trajes para mulheres modernas e práticas. Este é um exemplo típico do estilo masculino, decorado com debruns à moda militar.

Garçonne

Terno Tommy Nutter, 1969
Este paletó e colete, que fazem conjunto com a calça, foram feitos para Jill Ritblat, na Savile Row. A blusa, de Yves Saint Laurent, traz um laço no pescoço que se parece com uma clássica gravata masculina.

Tradicionalmente, os trajes femininos para a prática de esportes como a montaria eram baseados nas roupas dos homens. O uso de calça comprida, no século XIX, foi a primeira apropriação de verdade do vestuário masculino e estava ligado à mudança geral do modo de se vestir e à conquista do voto feminino. Em 1922, a heroína de um romance intitulado *A emancipada* (no original em francês, *La garçonne*), de Victor Margueritte, ressaltou sua crença na igualdade ao cortar os cabelos bem curtos. Desde aquela época, o estilo tem voltado com cabelos curtinhos, gravatas, paletós e calças.

Marlene Dietrich, 1933
A atriz e cantora Marlene Dietrich ajudou a promover o uso da calça comprida na década de 1930. Ela adotou roupas masculinas, como o terno de tweed. Um crítico disse: "Ela tem sexo, mas nenhum gênero específico".

Mary Edwards Walker, 1865
A doutora Mary Walker apoiou o movimento de reforma do vestuário usando sobrecasaca formal masculina e calça comprida ao receber a Medalha de Honra ao Mérito por seu trabalho como assistente cirúrgica durante a Guerra Civil norte-americana.

Ralph Lauren, 2006
Ralph Lauren mostra uma de suas marcas registradas do estilo *garçonne* ao incorporar a tendência do uso de shorts no inverno. Da cintura para cima prevalece o estilo formal masculino do século XIX, com a corrente do relógio de bolso exposta.

Rebelde

Atitude, 1953
Marlon Brando representou um jovem contestador em *O selvagem*. A jaqueta de couro Schott Perfecto, a calça jeans e as botas se tornaram "uniforme" do público rebelde.

O estilo rebelde remete a roupas que comuniquem uma "atitude". Filmes dos anos 1950 mostrando jovens trajando couro iniciaram essa tendência, que desde então tem se refletido nos trajes usados por motociclistas, punks e estrelas do rock. As roupas normalmente são confeccionadas em couro ou jeans decorados com franjas, tachas e correntes. O estilo moda de rua pode até ter nascido de um corpo enfeitado com tatuagens e piercings, mas na alta moda o visual tem tudo a ver com glamour.

Punk, 1976
Esta camiseta sem mangas foi criada por Vivienne Westwood em 1976. O ex-parceiro de Westwood Malcolm McLaren também foi empresário da banda Sex Pistols, e o *slogan* provocativo escrito nas tiras da bandeira estilizada simbolizava a abordagem inconformista do grupo.

Motociclista, 2009
Gaultier desafia o estereótipo dos gêneros, razão pela qual é típico ver uma mulher em um traje tão masculino como uma jaqueta de motociclista. Aqui, a peça é feita de couro extremamente brilhante, com tachinhas decorativas e dragonas militares, para um visual glamouroso.

Punk, 1977
Zandra Rhodes se inspirou no movimento punk ao desenhar este vestido preto em jérsei de raiom. Os rasgos no corpo e na saia foram realçados com pespontos azuis e enfeitados com alfinetes de segurança com continhas, correntes com aros redondos e diamante.

Underwear

Crinolina de Gaultier, 2008
Gaultier adora experimentar com as crinolinas. Neste exemplo, em que uma gaiola de couro enfeitada com fivelas é usada sobre um casaco de pele, ela assume uma função mais de proteger o luxo do que sustentar anáguas.

Mostrar ou sugerir a roupa de baixo remete a espanto, proibição e excitação. Os estilistas têm brincado com essas peças tradicionalmente ocultas, tanto masculinas como femininas, para criar uma moda provocativa. Muito da inspiração vem de vestidos de época e de suas estruturas de suporte, como os espartilhos e as armações, assim como as transparentes chemises e combinações feitas de seda delicada e renda.

Vestido sutiã de Moschino, 1988
Moschino era conhecido por suas roupas provocativas e divertidas, mas nada lisonjeiras para com o corpo. Essas características estão evidentes neste vestido de noite de algodão e poliéster formado por uma saia preta composta por vinte sutiãs.

Vestido de renda de Gianfranco Ferrè, 2003 (à direita)
O italiano Ferrè ganhou fama por suas formas e cores fortes e pelos tecidos luxuosos. Aqui, a delicada renda preta cria um vestido de noite inspirado no período napoleônico e que revela a calcinha e o espartilho.

Vestido de cetim tomara que caia, década de 1950 (abaixo)
O vestido curto de noite tomara que caia usado pela atriz Jane Russell, na foto abaixo, sugere o uso de lingerie como tecido – seda branca estampada, com aplicação de renda. O delicado efeito disfarça a complexa estrutura de barbatana que sustenta o glamouroso vestido.

Tea gown de Worth, 1900
Os vestidos para a hora do chá (tea gown) eram usados somente em casa, no final do século XIX. Menos estruturados do que outros trajes, eram uma vitrine para tecidos delicados e rendas, normalmente usados em lingerie. Neste mostrado na foto ao lado, Charles Worth utilizou cetim, chiffon e renda.

Alta-costura e prêt-à-porter

Até 1959 (quando as casas de moda em Paris começaram a introduzir as linhas prêt-à-porter), os modelos de vestidos eram vendidos para clientes distintas, desde os produzidos em massa nas fábricas aos feitos um a um. Hoje, um vestido de alta-costura consiste em um desenho adaptado de um modelo de passarela para as medidas e especificações de uma cliente. Valiosa como um objeto de arte, feita com tecidos luxuosos e ricamente enfeitada, a peça demanda muitas horas de trabalho manual especializado e no mínimo três provas.

Christian Lacroix, 2004
Lacroix é famoso por criar os trajes de alta-costura mais criativos e luxuosos. Este vestido também exibe as habilidades de atelier necessárias para produzir camadas de seda pintada a mão e um espartilho desconstruído.

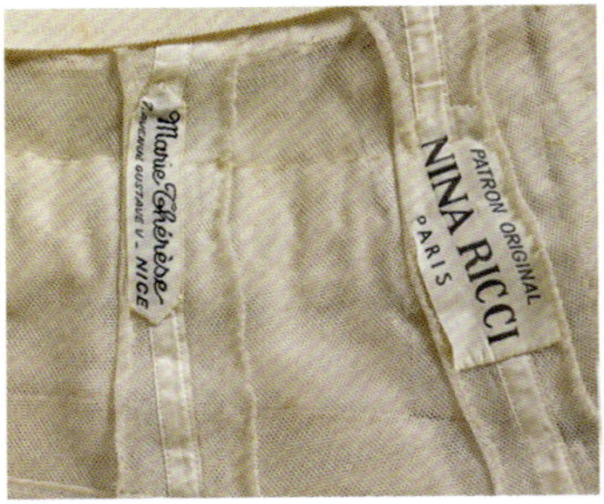

Modelo de alta-costura, 1955
Esta etiqueta mostra como as casas de moda operavam comercialmente antes de criar as próprias coleções prêt-à-porter. Esta casa de moda, Marie Thérese, em Nice, França, pagou pelo direito de reproduzir o Nina Ricci original.

Dior, 2010 (acima)
John Galliano costuma falar do papel da coleção de alta-costura em liderar o estilo da casa. Este vestido de noite prêt-à-porter, que se baseia em espartilho, é parecido, mas menos luxuoso, com o vestido de alta-costura exibido em "Vestidos de baile" (ver pp. 94 e 95).

Jean Patou, 1932-1934 (à esquerda)
Este vestido pode ser comparado a uma escultura, em que todos os pontos de vista são levados em consideração. O estilo neoclássico é criado a partir do tule coberto de continhas, que disfarça as junções das costuras e confere um efeito *trompe l'œil* (ilusão de ótica) de drapeado.

Jacques Fath, 1949 (acima)
Este vestido de alta-costura ilustra o estilo ampulheta de Jacques Fath, que drapeava o tecido ao redor do corpo das suas modelos para criar as suas roupas. A dona do vestido, *lady* Alexandra Howard-Johnston, promovia as criações de Fath em eventos sociais.

Técnicas

Introdução

O conhecimento técnico sobre tecidos, modelagem e decoração tem evoluído com o passar do tempo, e vários são os especialistas (desde estilistas e alfaiates a bordadeiras) que contribuem com sua *expertise* na confecção de um traje. A mecanização dos teares e a invenção da máquina de costura, em meados do século XIX, afetaram a produção de roupas. Entretanto, no setor de vestuário de luxo, mesmo com a adoção de novos tecidos e ideias no século XXI, as habilidades manuais tradicionais continuaram a ser muito valorizadas.

Paletó de caça, 1860-1890
Os botões de latão dourado deste casaco de lã delicada têm as iniciais H. H., indicando que o usuário do traje pertencia ao Clube de Caça de Humpshire (Hampshire Hunt). Ao mostrar que o dono era sócio de um clube exclusivo, os botões iam além da função decorativa.

***A carreira do libertino*, 1735**
O personagem Tom Rakewell, das gravuras e pinturas de Hogarth, está sendo medido por um alfaiate. De acordo com a importante obra sobre alfaiataria escrita por Garsault em 1769, uma fita de papel é colocada sobre o corpo e cada medida é marcada com um corte.

Vestido de noiva, 1934
Este vestido de cetim de seda marfim desenhado por Charles James se ajusta perfeitamente ao corpo por causa do tecido fino, do corte e da modelagem. São cinco pences curtas, que ajustam a pala à parte restante do vestido, e pences longas, que vêm das costas para a frente moldando com perfeição os quadris.

Terno para velejar, 1890 (abaixo)
O paletó e o colete combinando, feitos de flanela listrada, são abotoados com botões de ossos. As listras foram perfeitamente casadas pelo alfaiate na gola, no bolso chapado e nas laterais do colete.

Spencer, 1818 (acima)
A manga bufante em estilo gótico deste spencer feminino de veludo azul é enfeitada com laços de face acetinada combinando, e ele é todo forrado em linho. Os dois tecidos são muito difíceis de trabalhar, uma vez que escorregam, o que faz deste detalhe um atestado da habilidade da costureira.

Alfaiataria

Alfaiataria é um termo que se refere ao feitio de trajes masculinos. Era também usado para os trajes de montaria femininos antes de ser estendido a outras roupas formais. Diversos sistemas técnicos para o corte de roupas foram desenvolvidos no século XIX, com base nas regras geométricas relacionadas às proporções do corpo. Camadas de entretelas, enchimentos e ombreiras, além do uso habilidoso do ferro de passar, moldam um formato que enfatiza áreas como os ombros e o peito, disfarçando quaisquer imperfeições.

Calvin Klein, 2010
A história da alfaiataria norte-americana tem referência no estilo Ivy League, que é elegante, jovial, esportivo e menos conservador do que o da Savile Row. Este paletó Calvin Klein, por cima de uma blusa com nervuras grossas, mostra a forte tendência ao estilo informal de alfaiataria.

Savile Row, 1964 (à direita)
Este terno da Anderson & Sheppard utilizou especialistas distintos para a confecção do paletó, do colete e da calça. O paletó tem a linha dos ombros levemente ampliada, e os fortes conjuntos de linhas horizontais do xadrez de Glen Urquhart se combinam com perfeição.

Estilo marinheiro, década de 1890
Esta jaqueta feminina é feita de tecido de lã e tem aplicações de galões russos de seda. A peça foi inspirada nos casacos marinheiro para homens e apresenta uma linha delicada ao redor do peito, com o corte incisivo e pespontado encontrado na alfaiataria masculina.

Sobrecasaca, década de 1890
Para criar uma linha suave no avesso do casaco, um enchimento foi inserido logo abaixo da cava até a cintura. O enchimento é fixo no lugar, entre o forro de seda e a lã superfina, por pontinhos quadrados feitos com ferro de prensar.

Armani, 2010 (à direita)
A alfaiataria italiana começou para competir com os estilos da inglesa e da norte-americana, em meados de 1950, com uma proposta muito menos estruturada e acabamento parecido com o de uma armadura. Giorgio Armani construiu uma reputação para um tipo de estilo elegante de alfaiataria mais leve, visto aqui.

Modelagem

A confecção de roupas femininas evoluiu de cortar o tecido diretamente no corpo, como era feito no século XVIII, para o desenho de um molde de papel ou uma versão teste para experimentar. No final do século XVIII, o vestido de uma peça só já era possível, e, em meados do século XIX, várias técnicas foram testadas para ajustar a roupa ao formato do corpo. Na década de 1920, Madeleine Vionnet desenvolveu o corte dos tecidos leves sobre as fibras transversais ou em viés, para que eles ficassem colados ao corpo.

Corte princesa
Este vestido em faille de seda, usado pela bailarina Margot Fonteyn, lança mão do corte princesa para enfatizar o formatado em Y invertido criado pela Dior. Trata-se de um método de cortar pedaços do tecido no sentido vertical e que não requer uma costura na cintura.

Busto com pences
As pences podem ser vistas neste spencer de seda, acompanhado de um vestido combinando, de cerca de 1807. Não se sabe exatamente quando as pences foram inventadas, mas elas representam um avanço para as técnicas de costura no que se refere ao melhor ajuste da roupa ao corpo.

Corte em viés (à direita)
Este vestido de alta-costura criado por Lanvin em 1935 é confeccionado em cetim violeta cortado em viés e costurado a máquina. A qualidade clássica e escultural da peça é enfatizada pelo brilho do cetim e pelo corte, que permite que o tecido abra logo abaixo dos quadris.

Madeleine Vionnet, 1935
Estilista e modista de talento e criatividade inigualáveis, Vionnet desenvolvia suas criações dobrando e cortando o tecido sobre uma modelo em miniatura. Para produzir trajes maleáveis e leves, ela inventou o corte em formatos geométricos no urdume, na trama e em viés.

Painel em formato de diamante (abaixo)
O painel central em formato de diamante deste vestido em seda listrada, de 1805, mostra claramente a fibra reta do tecido correndo verticalmente para o centro. Os painéis laterais foram cortados no sentido transversal das fibras ou em viés, conferindo mais elasticidade e acomodando melhor o corpo.

Formato e ajuste

O formato de uma roupa depende da estrutura básica, do corte do tecido e da construção. Cor, textura e enfeites podem realçar essa forma. Do final do século XV até meados de 1910, as roupas femininas normalmente eram feitas para se ajustar a um corpo moldado por um espartilho e enchimentos, ou saiote de armação de arame. Em meados de 1920, um formato de corpo mais natural estava em moda, e os tecidos leves e macios colavam ao corpo. Entretanto, desde a década de 1930, os estilistas vêm fazendo experimentações com a estrutura e continuam produzindo formas exageradas.

Assimétrico, 1986 (à esquerda)
O vestido assimétrico asa de passarinho de tafetá de seda, de Antony Price, ilustra a sua fama de agradar a estrelas do rock. Aqui ele evoca a imagem de um pássaro, usando pregas largas do tecido que se movem ao longo do corpo e sobem no sentido do ombro para sugerir movimento.

Corpete com barbatana, cerca de 1890
A vista da parte interna das costas deste vestido em seda Worth mostra um método complexo de construção, que foi desenvolvido no final do século XIX. Observe a barbatana e a fita na cintura que fecha na frente, ancorando o corpete no corpo.

Anquinhas, 1885 (acima)
Nesta gravura de moda do *Myra's Journal*, veem-se duas mulheres usando vestidos de dia, que são erguidos na parte de trás por enormes anquinhas postiças. O suporte de arame levanta o tecido do vestido, um efeito que é ampliado por pregas e pufes.

Pregas com ritmo, 1990 (à direita)
Issey Miyake é famoso por suas peças esculturais baseadas nas formas geométricas feitas em tecidos plissados. Este exemplo, desenhado para mudar de acordo com os movimentos do corpo, foi criado a partir de retângulos em poliéster plissados.

Matelassê, 1937
Esta jaqueta de noite de Charles James usa a mesma técnica dos edredons de matelassê. O formato de cetim é recheado com pena, mas, para facilitar os movimentos do corpo, reduz-se a espessura do enchimento na altura do decote e das cavas.

Forro e arremate

O forro disfarça a construção de uma roupa, dá corpo a uma forma e confere uma impressão de luxo a uma peça de vestuário. A escolha do tecido é capaz de propiciar um diferencial ao traje e, ao mesmo tempo, de exibir a "assinatura" do estilista. Em uma peça de alta-costura, as bainhas e costuras podem tanto estar ocultas no forro como arrematadas a mão. Alguns arremates manuais são um sinal de qualidade, e na alfaiataria são vistos em lapelas e abas de bolso. Os melhores lenços de seda têm a bainha feita a mão. Os estilistas japoneses na Paris dos anos 1980 lançaram a desconstrução, exibindo roupas que deliberadamente pareciam inacabadas e tinham a bainha desfiada.

Costura a máquina, 1936
Este detalhe de uma jaqueta de noite estilo quimono, de Jeanne Lanvin, mostra o efeito dramático de acabamento de um traje com pespontos em linhas paralelas feitos a máquina. Duas costuras descem dos ombros para a frente a fim de dar a ilusão de um colarinho destacável.

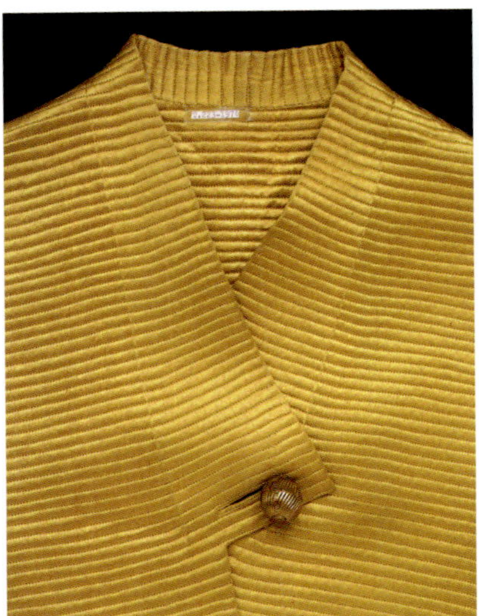

Forro contrastante, 1964
Esta jaqueta Chanel é feita do mais fino tweed mohair lilás e contrasta com a seda em estampas florais, usada para criar a falsa ilusão de mangas e gola. O vestido combinando foi confeccionado da mesma seda, apesar de estar oculto.

Desconstrução, 2001 (à esquerda)
Rei Kawakubo, da Comme des Garçons, tornou-se famosa em meados dos anos 1980 por sua abordagem nada convencional para roupas. Ela gosta de surpreender e desafiar, usando a desconstrução. O vestido da foto ilustra essa abordagem, com jeito de roupa que ainda está esperando pelo acabamento.

Desfiado, 2010 (à direita)
A abordagem conceitual de Miuccia Prada para a coleção à qual pertence este traje justifica o casaco com as bainhas desfiadas e com jeito de inacabado. Trata-se de uma ironia sobre a transparência e a visão ao lidar com o passado e o presente.

Acabamento, 1971 (acima)
O acentuado corte moderno e o tom turquesa deste terno Mr Fish são complementados pelo modo como foi arrematado. Um debrum de seda do mesmo tom foi usado em todo o acabamento da frente do paletó, ao redor da gola e nas abas dos bolsos.

Fechos

Os primeiros métodos de fechar evoluíram dos broches e alfinetes a fitas, botões, ganchos e colchetes. O cordão amarrado, que antigamente era algo apenas de caráter prático, tornou-se decorativo e sugestivo, com referências aos espartilhos. Os zíperes de metal, antes utilizados somente em bolsas de couro e jaquetas esportivas, passaram a ser empregados nas roupas femininas na década de 1930. Depois da introdução do náilon, passaram a ser produzidos zíperes em versões mais leves. Hoje em dia, enormes botões de pressão podem ser vistos nas coleções da Burberry e de Yamamoto.

Entrelaçamento, 1885
Corpo de vestido de baile em seda moiré, inspirado nos espartilhos: a amarração, que normalmente ficaria oculta, está à mostra. A ponta extensa e o laço enfatizam a cintura fina da dona do vestido.

Abertura frontal, 1810-1820
Os culotes tinham uma abertura frontal no centro até meados de 1770, quando esta foi substituída pela abertura frontal de queda ou aba de abertura. Aqui os botões do cós estão juntos na frente, enquanto a aba é presa pela extremidade aos três botões na horizontal.

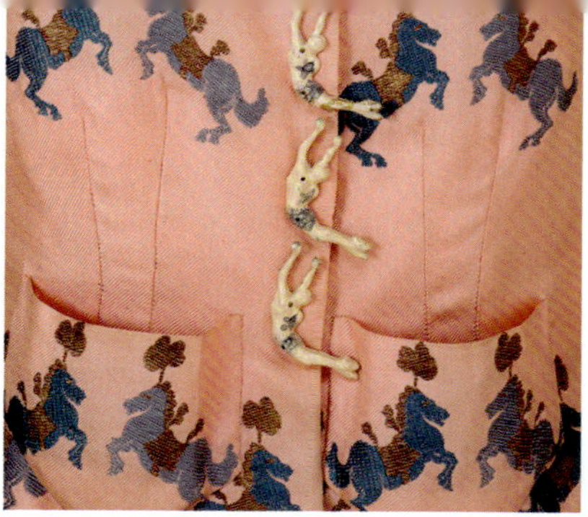

Botões, 1938 (à esquerda)
A jaqueta de Elsa Schiaparelli, da coleção Circus, mostra que ela levou em consideração cada detalhe como parte integral do tema. O tecido foi feito sob encomenda para ela, enquanto os botões de acrobatas foram forjados especialmente em metal fundido.

Colchete de metal e botão de pressão, década de 1890
O encaixe de metal e o botão de pressão na frente deste espartilho mantêm a frente firme, enquanto as fitas são puxadas no meio das costas para ajustar ao corpo. O saiote pode ser preso ao colchete na altura da cintura, para evitar que suba.

Zíper, 1985
Este vestido de jérsei de lã tem uma modelagem engenhosa que, independentemente dos ombros largos e arredondados, aposta no detalhe para o efeito final. O zíper é prático e funcional, mas nesta peça, junto dos debruns rebatidos, faz também parte do modelo.

Materiais

Introdução

Os materiais podem servir de inspiração para um desenho, ou um estilista pode trabalhar em conjunto com a indústria têxtil para produzir tecidos, de acordo com as suas especificações e exclusividade. Os tecidos têm qualidades distintas, ditadas por fatores como a fibra, a trama, o acabamento e a estampa. Os fios sintéticos originalmente foram desenvolvidos como uma alternativa mais barata às fibras naturais. Entre as décadas de 1950 e 1970, eles ganharam *status* de novidade, antes que as fibras naturais voltassem a ser valorizadas.

Tear manual, 1747
Esta gravura de Hogarth mostra um aprendiz sentado junto ao tear manual. Tecer um padrão complicado constituía um processo demorado, razão pela qual tecidos como as sedas com motivos decorados, que mediam somente 46 cm de largura, eram muito caros.

Técnica shibori, 1950-1960
Este detalhe em azul-marinho, azul-claro e branco, da técnica de tingimento japonesa shibori, ilustra o tipo de estampa imitada pelos ocidentais, especialmente no final dos anos 1960 e no início do século XXI.

Tecidos de seda, 1760-1764
Esta página de um catálogo de amostras de tecido de seda, de um vendedor de Lyon, ilustra a variedade de sedas disponíveis no século XVIII. Naquela época, Lyon era reconhecida como o centro europeu mais importante de tecidos de seda.

Sobrevestido de renda, 1958 (abaixo)
O traje Baby Doll de Balenciaga é composto de um vestido de crepe da china com um sobrevestido volumoso de renda preta.
A transparência e a qualidade do desenho da renda evocam um senso de leveza e juventude.

Enfeite, 1939 (à esquerda)
O vestido de noite de manga curta, de Elsa Shiaparelli, é feito em crepe matt e tem três ramos de lírios tridimensionais, bordados com pérolas e fios de ouro.

Naturais

Desde tempos antigos, fontes animais e vegetais têm fornecido fibras como as de linho, de lã, de seda e de algodão. Mais recentemente, o cânhamo, o bambu e as folhas de bananeira se tornaram populares. Essas fibras diferentes possuem atributos capazes de manter o usuário aquecido ou arejado, e a aparência pode variar de acordo com a torção do fio e a tecelagem. No passado, misturavam-se diversas fibras naturais; hoje em dia, elas podem ser combinadas com fibras sintéticas para que se obtenham força e elasticidade.

Gazar de seda, 1963
A capa de noite de Balenciaga é feita em gazar de seda, fabricado pela Abraham Ltda. O gazar de seda é um tecido leve, fino e ondulado, motivo pelo qual sustenta bem o caimento (como aqui, em que a capa se mantém afastada do corpo).

Lã, década de 1930
A castorina é um tecido que pode ser usado dos dois lados; a parte da frente é aparada para formar uma pelúcia macia e compacta. Ela não desfia, e sua espessura a torna ideal para a confecção de sobretudos, como esta sobrecasaca masculina com gola de veludo.

Plush de seda, 1855 (acima)
Este luxuoso tecido de inverno é de um tipo de veludo com uma pelúcia que lembra pelos de animais. A textura brilhante contrasta com a franja de seda escolhida para enfeitar esta jaqueta de festa feminina.

Algodão, cerca de 1800 (acima)
Musselina branca fina era um tecido luxuoso no início do século XIX, quando as de melhor qualidade vinham da Índia. Este exemplo tem um motivo grego bordado em linha de algodão branca.

Linho, cerca de 1912 (abaixo)
O linho azul-celeste deste vestido de dia mostra com clareza a trama ligeiramente rugosa do tecido. É uma roupa ideal para o verão, por ser leve e fresca. A gola de organza de seda foi colocada para oferecer um contraste dramático de cor e textura.

Artificiais e sintéticos

Ao longo do século XX, foram descobertas alternativas às fibras naturais. O raiom, produzido a partir da polpa da madeira, foi criado por Samuel Courtauld em 1904 como uma opção mais barata à seda. Na década de 1920, era usado para a fabricação de meias, lingerie e outros artigos de vestuário. A DuPont fabricou o primeiro fio de poliamida, o náilon, em 1939, e este se tornou muito usado na produção de meias. As fibras de elastano foram fabricadas na década de 1960. Eram chamadas de spandex ou Lycra®. As pesquisas em busca das "fibras inteligentes", que podem reagir com o calor do corpo ou até mesmo bloquear os raios ultravioleta, continuam.

Plástico, 1967
Paco Rabanne tinha fama de ser o mais experimental de todos os estilistas de Paris nos anos 1960. Este vestido feito de discos de plástico unidos por fio de metal revela sua experiência com a arquitetura.

Lycra®, 1991 (acima)
Tecidos com elasticidade, como a Lycra®, por exemplo, aderem ao corpo e revelam os contornos. Val Piriou utilizou Lycra® para criar este minivestido sensual, com um laço amarrado nas costas e faixas em renda semitransparentes.

Jérsei de raiom, década de 1970 (à esquerda)
Este luxuoso vestido Yuki mostra que os estilistas gostam de usar materiais artificiais e sintéticos pelo efeito estético. O da foto, em jérsei de raiom, possui cor viva e um belo caimento para complementar o decote alto do modelo.

Lamê sintético, 1981
O lamê sintético dourado e prata foi plissado para formar ondas, como parte da inspiração renascentista, neste vestido de Zandra Rhodes. A rigidez do tecido, combinada com o plissado, possibilita o formato dramático da composição (ver "Vestidos de baile", pp. 94-95).

Viscose e lurex, 1996 (à direita)
Julien MacDonald criou este vestido de noite sozinho em três semanas, usando fios de viscose e lurex dourado tricotados a mão e a máquina. Embora os materiais sejam modernos, a inspiração veio do corte em viés dos vestidos da década de 1930.

Ligamentos

Os teares de pedal, usados na Europa desde a Idade Média, eram trabalhados com as mãos e os pés, mas durante a Revolução Industrial, no final do século XVIII e no início do XIX, esse processo foi mecanizado. No século XXI, os teares estão ligados a computadores, mas empresas como a Prelle, em Lyon, ainda produzem sedas feitas a mão. O método de tecelagem cria tecidos com características distintas. O ligamento sarja, que é usado para a fabricação do jeans, é forte; já o ligamento cetim oferece uma superfície brilhante para o tecido. Os desenhos dos ligamentos podem variar desde as simples listras e o xadrez até os complicados florais.

Trama e urdume
Este pequeno tear manual, pertencente à artista Sue Lawty, mostra a maneira como os fios do urdume e da trama se entrelaçam para formar o tecido.

Cashmere
Os xales de cashmere, obtidos da lã de bode, tornaram-se um acessório muito popular no Ocidente desde o final do século XVIII. O desenho em forma de pinha ficou conhecido como paisley em homenagem à cidade escocesa de mesmo nome, que começou a produzir o próprio xale.

Brocado
O brocado é um ligamento para seda que tem uma estampa, normalmente floral (aqui mostrada em papel quadriculado), feita por tramas que se estendem apenas na largura do motivo e, em seguida, retornam. O fundo da trama pode ser liso, de ligamento sarja ou cetim. Tem caimento pesado que segura bem a forma.

Cetim (à direita)
Este traje de noite, da coleção verão 2010 da Chanel, mostra a superfície brilhante de um acetinado que usou seda natural ou sintética. O cetim produz um acabamento fluido do lado direito, mas o avesso é sem graça.

Pied-de-poule, 2003 (à esquerda)
O traje de Yamamoto usa uma variedade de padronagens pied-de--poule ("pé de galinha", em francês). Este é feito a partir do ligamento sarja combinado em uma ordem específica de cores dos fios da trama e do urdume, que normalmente são branco e preto.

Tinturas

Até meados do século XIX, todos os corantes usados nos tecidos eram provenientes de fontes naturais: animal, vegetal ou mineral. Misturavam-se fixadores (como o sal e a urina) aos corantes para criar outras cores e produzir uma tonalidade firme e menos sujeita a desbotamento. Corantes de anilina sintética, obtidos do alcatrão de hulha, entraram no mercado por volta de 1850, criados por químicos europeus. Esses corantes produziam cores intensas e brilhantes e reduziram significativamente os custos de produção.

Corantes naturais, 1949
Lady Alexandra Howard-Johnston adquiriu este vestido de dia do seu estilista preferido, Jacques Fath, e quis que a peça tivesse a padronagem xadrez da família do seu marido. Ela comprou o tecido de lã, que era confeccionado e tingido manualmente, diretamente da Escócia.

Púrpura sintética, 1873
O tom vivo deste vestido faz parte da imensa variedade de cores "descobertas" por *sir* William Henry Perkins, em 1856, enquanto ele pesquisava uma fórmula sintética para substituir a quinina. Este primeiro corante sintético foi chamado de violeta anilina ou mauveine.

Vermelho-turco, cerca de 1860
O fundo desta saia de algodão estampada passou pelo processo de tingimento de vermelho-turco. A cor vibrante era produzida deixando o tecido de molho em uma mistura de garança, óleo e soda. O nome do processo deriva de sua origem, no Oriente Médio.

Seda amarela, 1810
Este vestido de seda, de 1810, tem um forte tom de amarelo-canário realçado pelo brilho do tecido, mostrando que os corantes naturais são capazes de produzir cores profundas. O amarelo contrasta com os bufantes de seda marfim, inspirados no estilo renascentista.

Dip-dye, 2004 (abaixo)
A Prada exibe os elementos que identificam o estilo de sua casa nesta imagem – tratamentos têxteis e vintage. A técnica dip-dye foi usada no traje da foto. O resultado supera o de um estilo hippie livre e se constitui em uma mistura com elementos dos afetados anos 1950.

Estamparia

Silk-screen, 1969
Os enormes painéis deste traje de feltro de Zandra Rhodes propiciam um espaço ideal para o desenho degradê impresso em *silk-screen*. Ele foi usado sobre um vestido em chiffon, com estampa combinando, e demonstra o interesse da estilista tanto pela padronagem quanto pela textura.

Tecidos de algodão estampados a partir do uso de blocos de madeira entalhada foram trazidos da Índia e se tornaram moda na Europa do século XVIII. Em 1783, o processo foi mecanizado com rolos de cobre de estamparia que eram capazes de produzir imagens delicadas e detalhadas. O método moderno de *silk-screen* é um processo lento e caro, uma vez que é necessário usar uma nova tela para cada cor. Isso significa que uma imagem complexa consiste em um luxo caro.

Lã estampada, cerca de 1855 (acima)
A combinação de tecido listrado e pequenos florais salpicados vista neste corpete de gaze de lã virou moda em meados do século XIX. O plissado na frente dá outra dimensão às duas estampas.

Mistura de padrões, 2008 (abaixo)
Dries van Noten é famoso pela mistura de padrões e cores em seda fina para produzir luxuosas roupas de uso diário. Ele estampa vários padrões numa mesma peça, o que pode ser visto no traje abaixo.

Seda estampada, 1960 (acima)
Inspirado nos estandartes medievais, Emilio Pucci criou sedas estampadas coloridas que eram usadas em tudo, desde calças e vestidos a gravatas. Ao fazê-lo, Pucci acabou criando também um estilo próprio, que continua sendo referência da casa que leva seu nome.

Toile de Jouy, 1792 (acima)
O nome deste estilo de estampa monocromática deriva de uma cidade, Jouy, que fica próxima a Paris, onde Christophe-Philippe Oberkampf iniciou o trabalho de estamparia em algodão, em 1759. O artista Huet, que desenhou esta peça figurativa, foi um dos seus desenhistas. Atualmente, os desenhos evocam o estilo francês do século XVIII.

Adornos

A aplicação de enfeites em um traje costumava ser associada à alta-costura apenas, mas atualmente, com o barateamento dos materiais e da mão de obra, os adornos também podem ser encontrados em roupas mais em conta. As técnicas variam, bem como os itens (pontos coloridos, fios de metal, contas, lantejoulas, penas), e a aplicação desses efeitos requer talento e tempo. No Ocidente, trajes masculinos adornados saíram de moda, exceto para uso cerimonial ou teatral.

Stéphane Rolland, 2010
Rolland conquistou fama de glamour no tapete vermelho e, para a sua coleção verão 2010 de alta-costura, o estilista francês trabalhou com um químico para produzir um verniz dourado que pôde ser aplicado no tecido. O verniz foi usado para conferir um efeito dramático no traje de noite, que do contrário não teria nenhum outro adorno.

Lantejoulas, 1932
O vestido de noite de Chanel é coberto de lantejoulas e tem um efeito *trompe l'œil* de laço na frente do corpo. As voltas do laço foram desenhadas em lantejoulas, mas as pontas das fitas são tridimensionais (ver "Vestidos para o tapete vermelho", pp. 96-97).

Contas, 1957
O bordado em contas deste vestido formal foi desenhado por Norman Hartnell e incluiu o emblema pessoal de Napoleão, a abelha, feita em fios torcidos de ouro, com asinhas de pérolas iridescentes e antenas de contas minúsculas. O vestido também é coberto de pequenas contas de ouro, brilhantes e pérolas (ver "Vestidos de baile", pp. 94-95).

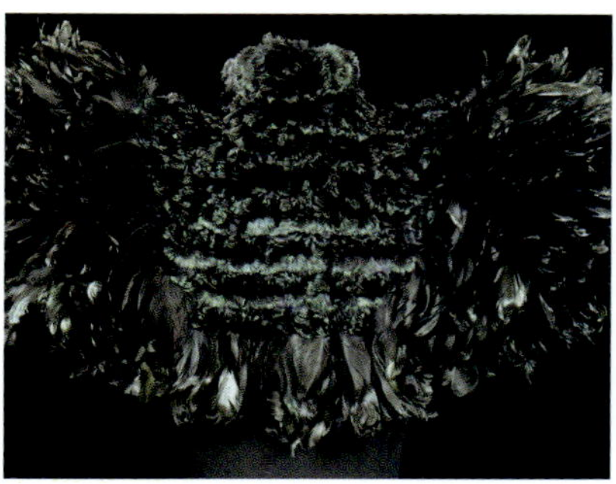

Penas, 1895
Esta capa de manga curta, desenhada por Champot, de Paris, é inteiramente coberta de penas de galo pretas e verdes – algumas, inclusive, foram curvadas. Elas foram montadas sobre uma base em algodão, e a capa é forrada com cetim de seda preta.

Traje de Corte bordado, 1800
Os trajes usados na Corte requeriam maior requinte e constituíam uma importante fonte de trabalho para as bordadeiras. Os motivos bordados acima em fios metalizados devem ter sido trabalhados no tecido antes da montagem do paletó.

Rendas

Em meados do século XVI, usavam-se como adorno as rendas feitas a mão, com agulha de costura e bilros. Países como a França, a Bélgica e a Itália eram associados ao trabalho de fina qualidade. Máquinas de fazer renda começaram a ser produzidas por volta de 1840, e este é o tipo de renda mais visto atualmente. A renda também acabou adquirindo significados culturais, como branca para pureza, vermelha para um traje ousado e preta para luto ou drama.

Renda blonde, 1820
O termo blonde ("loira") se deve à cor bege dessa renda, feita de fios de seda de cor natural que constituía um adorno de luxo ideal para vestidos de noite. O leve brilho combinava com tecidos delicados, e os bordados metalizados reluziam sob a luz de velas daquela época (ver "Vestidos de baile", pp. 94-95).

Renda preta, 1889 (à esquerda)
O efeito dramático deste vestido é provocado principalmente pelo esquema de preto e marfim. Entretanto, o uso de listras de renda transparente preta ilumina a aparência do vestido e suaviza toda a composição.

Renda branca, cerca de 1904
Os vestidos brancos de verão em meados de 1900 costumavam exibir enfeites contrastando com as texturas. Este exemplo mostra uma combinação de renda elaborada manualmente, algodão com nervuras e flores de crochê.

Valentino, 2004
Valentino é famoso por criar roupas feitas em tecidos luxuosos que exaltam a elegância feminina. Entretanto, o vestido de renda rosa-claro transparente visto aqui foi uma criação mais sensual, que buscou inspiração nas lingeries românticas.

Bordado inglês, anos 1960 (acima)
A técnica de produzir o efeito de renda sobre algodão criando-se formas de pétalas com pequenos buracos bordados em ponto cheio era muito popular no século XIX. Na década de 1960, voltou à moda, em parte como reação à introdução dos tecidos sintéticos.

Formal masculino

Introdução

Desde o século XVII, o traje formal masculino compõe-se essencialmente de três peças: o paletó, o colete e o culote ou calça. Ao longo do século XIX, cresceram as variações de trajes para atividades diversas, e códigos para trajes "adequados" foram estabelecidos (normalmente por membros da realeza ou celebridades). A partir da década de 1950, ocasiões que exigem trajes formais masculinos tornaram-se menos frequentes, mas estes ainda são requeridos na Royal Ascot, em festas no jardim real, em bailes, em eventos no tapete vermelho e em casamentos.

Alfaiataria moderna, 1996 (acima)
Ozwald Boateng abriu seu negócio de "roupas sob medida" próximo à Savile Row, em Londres, em 1995. Este terno com abotoamento simples em lã de mohair tem uma silhueta slim e cor brilhante, que oferece uma abordagem jovial à alfaiataria tradicional.

Traje de noite, 1821
Esta ilustração satírica mostra um baile no clube privado de Londres Almacks, onde era exigido o uso dos culotes na altura dos joelhos e não calça comprida. Os homens estão usando fraques, basicamente em preto ou azul, com culotes, meias e sapatilhas.

Calça, 2006 (à direita)
O estilista belga Raf Simons é famoso pelos inovadores modelos masculinos que cria para a geração mais jovem. Esta volumosa calça de cintura alta cinza-claro mostra a sua preferência por formatos robustos, em vez de skinny ou baggy.

Fraque moderno, 2006 (abaixo)
Este traje Dior Homme é uma versão provocativa da sobrecasaca tradicional, usada somente nas ocasiões mais formais. Na sua forma desconstruída, para ser usada no verão, faltam as mangas e todos os outros itens esperados, como camisa, colete e gravata.

Terno para dia, década de 1950
Esta fotografia de Cecil Beaton demonstra o estilo peculiar das classes altas inglesas, pelo qual o duque de Windsor era tão admirado. Ele optou por um paletó de abotoamento duplo para vestir na cidade, usado com os punhos da camisa à mostra, além de um lenço e um cravo.

Casamentos

Moda em 1937
Para seu casamento, em um *château* na França, o duque de Windsor usou o tradicional fraque preto com um colete amarelo escuro, camisa branca com colarinho dobrado para baixo e gravata cinza xadrez. Na lapela, um cravo branco complementou o look.

Os trajes para casamento costumam remeter aos códigos da alfaiataria do final do século XIX, quando a casaca e o tradicional fraque faziam parte do traje completo para a maioria dos encontros de negócios formais e ocasiões sociais. O fraque se tornou o estilo mais usado para os casamentos modernos: o traje normalmente é preto ou cinza, com lapelas forradas de cetim ou gorgorão. Um toque individual é conferido pelo modelo e pela cor da gravata e do colete.

Formal, 1910 (à direita)
No início do século XX, este tipo de fraque era usado no dia a dia por homens de negócios e profissionais aristocratas. O modelo ao lado é feito de lã felpuda com debrum de seda e também foi usado em um casamento de família.

Moderno, 1960 (abaixo)
Esta fotografia do casamento da princesa Margaret, falecida em 2002, com Anthony Armstrong-Jones mostra quão pouco o código formal de se vestir mudou desde 1910 (ver à esquerda). Os sinais de modernidade estão no colarinho dobrado para baixo e na gravata clara e simples.

Moss Bros, 1996
O acabamento da frente deste fraque de lã cinza desce mais enviesado, estilo que deriva dos paletós de montaria do final do século XVIII, chamados, em torno de 1850, de *the cutaway*. O estilo ainda é muito usado em casamentos modernos, com acessórios de seda.

Tradicional, 1926 (acima)
O inglês de classe alta nesta fotografia veste um fraque com o paletó aberto, para mostrar o colete de seda transpassado e o tradicional relógio de bolso. Ele usa o colarinho formal engomado e gravata.

Traje a rigor

Smoking branco, 1996
Este smoking branco usado pelo cantor Adam Faith faz conjunto com uma calça branca, em vez de preta. Percebem-se os debruns de seda sobre as costuras, normalmente utilizados nesse tipo de traje.

As mudanças nos trajes a rigor refletem uma abordagem menos rígida de se vestir e a busca por maior conforto em meados do século XIX. O fraque preto, normalmente usado com calça comprida em vez de culotes, tornou-se comum. O smoking foi usado como uma versão do terno de 1850 e recebeu o nome norte-americano de tuxedo em 1886. Por volta de 1950, era o traje de noite mais popular, basicamente em preto ou creme.

Henry Poole, 1996
Poole foi o primeiro alfaiate a fazer um smoking com paletó curto. Em meados do século XIX o então príncipe de Gales encomendou uma versão preta do terno, para ser usada em jantares mais informais.

Paletó Nehru, 1988 (à esquerda)
Foi Pierre Cardin, após uma visita à Índia na década de 1960, que popularizou no Ocidente o estilo de colarinho alto usado pelo então primeiro-ministro Nehru. Em 1988, Scott Crolla criou esta versão dourada e preta, utilizando tecido estampado contra a tendência do preto liso.

Yves Saint Laurent, 2007
Stefano Pilati criou este smoking preto com os elementos tradicionais, como as lapelas forradas de seda e o punho da camisa dobrado e preso por abotoaduras elegantes. A calça, no entanto, é um pouco mais curta, de acordo com a moda vigente, expondo as meias pretas.

Fraque, 1923 (à direita)
Ao lado, um exemplo do traje social completo – fraque e calça com colete combinando, colarinho pontudo e gravata branca – imortalizado por Fred Astaire. As mudanças na moda afetaram o corte da calça e a largura da lapela.

Smoking

Em tempos passados, os homens deixavam para vestir roupas coloridas e mais confortáveis em ambientes privados. Durante o século XIX, o paletó smoking era considerado o traje adequado para usar em casa. O nome deriva do ato de fumar (*smoking*, em inglês) tabaco forte, que se tornou popular depois de 1850. Era um paletó curto e fácil de vestir, confeccionado em tecidos macios e ricos, normalmente enfeitados com matelassê e cordões. Era usado com calça de dia ou noite e um gorro.

Charles Dickens, 1859
Dickens está usando uma versão lisa do paletó smoking do século XIX, que normalmente era feito em tecido macio e confortável, como o veludo. O único adorno aparece nas dobras largas das mangas, forradas com uma bela seda em tom contrastante.

Bottega Veneta, 2010
O paletó em seda vermelha foi confeccionado com o tipo de tecido luxuoso que faz a fama da marca e ilustra o tema da coleção – Teddy Boy –, ao combinar o paletó smoking com gravata fina e meias brancas.

Paul Smith, 2002 (abaixo)
O paletó de veludo Paul Smith traz uma flor pintada a mão cobrindo o bolso de um lado. Trata-se de uma referência aos paletós smoking do final do século XIX, que às vezes traziam, como adorno, flores ou pássaros bordados a mão.

Conjunto smoking, 1906
Neste modelo, o paletó com abotoamento duplo faz conjunto com a calça solta estilo pijama, em seda indiana leve usada em lenços. Conforto, luxo e brilho são os elementos-chave.

Mr Fish, 1970
O paletó de lurex sintético foi inspirado nos smokings mais extravagantes do século XIX. O estilo *art nouveau* da estampa do tecido combina com o fecho de cordão de seda e com as borlas pretas.

Ternos e costumes

Terno, década de 1930
Este terno de lã risca de giz, com abotoamento duplo de quatro botões, de Radforf & Jones, mostra claramente a moda masculina de alfaiataria durante os anos 1930. O triângulo masculino – poderoso e desejável – é criado pelos ombros amplos e pelas ombreiras e lapelas largas.

Desde os anos 1950, o terno – formado por três peças (paletó, calça e colete), ao contrário do costume, composto apenas de calça e paletó – está associado à moda urbana, independentemente de ter sido confeccionado em massa ou sob medida. Suas origens, no entanto, remontam ao século XIX, quando a Savile Row se tornou a maior fornecedora de moda masculina feita sob medida. Atualmente, cada casa segue essa tradição das roupas de forma personalizada, adicionando o próprio estilo ou número de botões nos punhos. Lançadores de tendências, de Edward VII a Hedi Slimane, causaram impacto em vários aspectos, desde o formato, a cor e as estampas ao modo de serem usados.

Costume de verão, 2009
Este costume Paul Smith apresenta muitas referências tradicionais. O tecido ecoa os ternos claros de verão usados em 1900, e o inverso das riscas de giz azul-marinho dos anos 1950. O caimento leve tradicional do paletó exibe lapelas estreitas e chanfradas dos anos 1960; a novidade da barra é uma versão casual das barras italianas de 1900.

Terno risca de giz, década de 1970
As normas tradicionais são subvertidas neste terno confeccionado por John Stephen para o chapeleiro David Shilling, já mostrado na página 8. O tecido de lã tem listras exageradamente largas, e o paletó é bem ajustado, com bolsos largos e chapados. A calça boca de sino o associa à moda jovem dos anos 1970.

Ternos, 1876 (acima)
Os dois homens à esquerda exibem ternos cujo paletó combina com o colete e a calça. Apenas o primeiro botão está abotoado. As calças têm corte estreito e são presas por suspensórios.

Terno marrom, década de 1960
Este terno de lã Tommy Nutter foi feito na Savile Row, em 1969. O tecido é cinza com listras berrantes em tom de marrom-avermelhado, mas a lapela larga e o bolso no peito, em que as listras se encontram continuamente, mostra o feitio tradicional pelo qual Nutter era famoso. Entre os seus clientes estavam os Beatles e Mick Jagger.

Blazers

Traje esporte, 1873
Esta gravura de moda inglesa mostra o homem da esquerda usando um típico blazer de abotoamento simples da época, com bolsos chapados e botões nos punhos. O colarinho dobrado da camisa, a calça branca e o chapéu de palha complementam o estilo.

O blazer azul-marinho, com abotoamento duplo ou simples, transformou-se em um típico representante do estilo inglês. Originalmente, o paletó azul-marinho com botões de metal era usado a bordo do HMS Blazer, na década de 1860. Por volta de 1920, tornou-se o modo moderno de se vestir, acompanhado de calça de flanela branca contrastando e complementado com um chapéu de palha para passear à beira-mar ou velejar. Variações identificando a adesão a um grupo podem incluir botões regimentais, emblemas e listras coloridas.

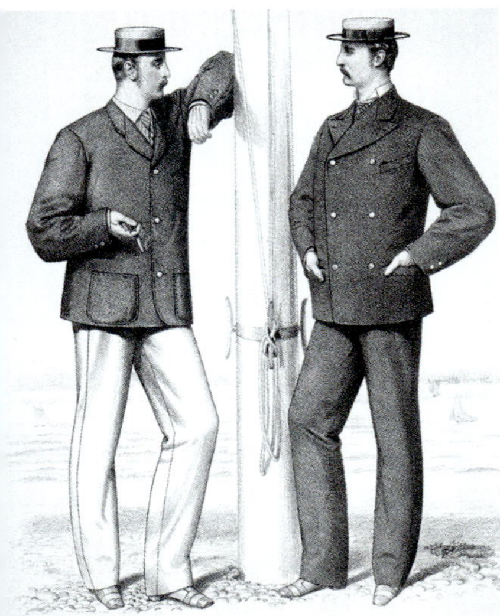

Leander, 1995
Desde 1880, tornou-se moda combinar blazer azul-marinho com calça de flanela branca. Aqui, o traje foi adaptado para representar o Leander Club, um clube de regatas que fica em Henley, Inglaterra, com a adição de uma gravata rosa e uma faixa do mesmo tom do chapéu.

Yves Saint Laurent, 2010

A versão do blazer de Stefano Pilati explora o estilo colegial para inverno. As mangas três quartos da moda feminina dos anos 1950 combinam com os ombros largos do paletó formato Box, usado com calça de pregas fundas.

Tommy Hilfiger, 2008 (abaixo)

As referências ao blazer tradicional são o abotoamento duplo e os botões de metal deste paletó. As dragonas sobre os ombros junto com a calça listrada e a blusa lembram a marinha e as listras da moda verão.

Paul Smith, 1995 (acima)

Este blazer é feito de lã com botões dourados, mas a alfaiataria se mostra menos acentuada do que no paletó náutico convencional. Com apenas três botões, o efeito geral é mais colegial (o chamado preppy) e menos militar.

Calças

Pantalona, 1814
Esta gravura de moda francesa mostra um homem usando calça justa, chamada pantalona ou calça comprida, que foi introduzida por volta de 1790. Ela podia ser confeccionada em malha de algodão tricotada a máquina, o que permitia o corte justo, e era presa por botões ou tiras.

No final do século XVIII, a calça comprida era usada somente pela classe trabalhadora; no começo do século XIX, no entanto, ela começou a substituir os culotes, que iam até os joelhos, em voga na época. Inicialmente, os homens a vestiam durante o dia, mas, depois que o duque de Wellington adotou a peça, a calça passou a ser usada também à noite e em ocasiões cerimoniais. Desde então, as principais variações sobre o tema giraram em torno da exposição ou não das pernas, e se a calça é presa por suspensórios ou cintos.

Bags, 1923
Fred Astaire está usando a então moderna calça de corte largo com barra italiana. Nessa época, os alunos de Oxford começaram a usar calça cujas pernas mediam mais de 60 cm de largura, e por esse motivo a peça ficou conhecida como bags Oxford.

"Alternativa", 1968 (à direita)
Este modelo de cintura baixa, desenhado pela Mr Fish nos anos 1960, era chamado de hipster ("alternativa"). A ausência de vinco nas pernas é uma referência às calças da década de 1870. O estilo pijama contrasta com a jaqueta de inspiração militar.

Skinny, 2006 (à direita)
Hedi Slimane, quando era estilista da Dior Homme, promoveu o visual skinny-legged. Aqui, a calça usada com suspensórios reflete o tema da coleção moda londrina anos 1960, dos tempos dos jovens rebeldes e dos *skin heads*.

Calça cossaco, década de 1820
O nome veio dos soldados do czar Alexandre I, que visitou Londres em 1814. O corte do tecido é largo na altura dos quadris, franzido na cintura e estreito na barra.

Formal feminino

Introdução

Princesa Margaret, 1960
O vestido usado pela princesa Margaret em seu casamento virou modelo para outras noivas nos anos 1960. Norman Hartnell criou a peça, cuja saia utilizou 36 metros de organza de seda sobre saiotes engomados. A ausência de enfeites levou as atenções para a tiara de diamantes.

No século XIX, a maioria das ocasiões formais que requeria vestidos mais elaborados envolvia a realeza e eventos na Corte. Ao longo das primeiras décadas do século XX, o papel das mulheres modificou-se em termos sociais, econômicos e políticos, e essas mudanças foram acompanhadas pelo modo como se vestiam. Por volta de 1950, as debutantes inglesas já não eram mais apresentadas à sociedade oficialmente, e a necessidade de roupas especiais tornou-se mais ligada a trajes de noite e vestidos de noiva. À medida que a vida das mulheres se tornava mais ativa e parecida com a dos homens, foram surgindo oportunidades para viajar e participar de negócios, ocasiões em que novos itens de vestuário eram necessários. A inspiração veio das roupas masculinas, dos militares e dos trajes de época.

Duquesa de Windsor, 1937
O vestido de organza de seda com estampa de lagosta foi comprado da estilista Elsa Schiaparelli como parte do enxoval de noiva da duquesa. Era um vestido de noite que foi produzido em conjunto com o artista surrealista Salvador Dalí.

Lanvin, 1955
O desenho de Jean Demarchy de um vestido de noite Lanvin mostra a saia ampla estilo romântico, que contrasta com o corpo tomara que caia. As flores e o drapeado podem ser uma referência aos vestidos dos anos 1920 inspirados no século XVIII.

Tutti Frutti, 1962
Mary Quant desenhou este tailleur para a mulher moderna, que precisava de roupas práticas e elegantes para trabalhar. O uso da flanela, tecido normalmente empregado na confecção de ternos, conferiu uma aparência diferente, com acabamento em babado duplo, que virou febre nos tailleurs dos anos 1960.

Camille Clifford, 1904 (à esquerda)
Este vestido de noite mostra como o uso de uma única cor escura pode enfatizar o corte de um vestido e ao mesmo tempo contrastar com a cor da pele, sem nenhum outro adereço.

Casamentos

O costume de as mulheres usarem vestido de noiva branco cresceu no século XIX, especialmente depois do casamento da rainha Vitória, em 1840. As noivas mais velhas, as viúvas e as menos abonadas podiam usar seus melhores vestidos, que permitiam que elas seguissem a tradição de usar o traje depois do casamento. Os vestidos do século XIX seguiam a moda vigente; atualmente, embora o vestido longo já não seja mais a norma, as noivas preferem adotar o estilo antigo.

Emmanuel, 1979
Este vestido, inspirado nos quadros da década de 1860 de Winterhalter, foi confeccionado em tafetá de seda marfim e enfeitado com laços e flores de tecido cor-de-rosa. É muito parecido com o que a princesa Diana usou ao se casar, em 1981 – o qual serviu de inspiração para muitos outros vestidos.

Vestido de noiva branco, 1825
O vestido branco tornou-se ainda mais popular na década de 1820. Este vestido francês, com cintura ligeiramente alta e saia em formato de A, com barra enfeitada, segue a moda da época.

Duquesa de Windsor, 1937
Para seu casamento, Wallis Simpson usou um vestido de crepe Windsor azul-claro, com chapéu e luvas combinando, da grife Mainbocher. A elegância do vestido e a forma esguia da noiva são enfatizadas pela prega central e pelo caimento do tecido.

Christian Lacroix, 2002
Lacroix adornou ricamente este vestido de noiva vermelho, misturando referências para criar uma fantasia alternativa ao traje branco. Elementos indianos e espanhóis enriquecem o desenho linear.

Renda Honiton, 1865 (à direita)
O vestido de casamento da rainha Vitória era enfeitado com renda Honiton, e vinte anos depois pode-se perceber, por este vestido de noiva, que o estilo ainda estava em moda. Aqui, no entanto, a saia é usada sobre uma armação enorme dos anos 1860 (ver "Botas de casamento", p. 191).

Vestidos de baile

Grandes eventos, como um jantar formal ou um baile, sempre ofereceram às mulheres a oportunidade de exibir um vestido elegante e ricamente enfeitado. Desde a década de 1950 que o formato desse tipo de vestido de noite tem se baseado no estilo curvilíneo de meados do século XIX. O vestido, no caso, é comprido, tem saia rodada e de tecido luxuoso, e decote generoso que permite a exposição de belas joias.

Norman Hartnell, 1957
Hartnell desenhou este exuberante traje de noite bordado para a rainha Elizabeth. Com formato inspirado nos vestidos dos anos 1860, ele foi todo adornado com motivos franceses, pois foi usado em uma visita de Estado a Paris (ver "Adornos", pp. 68-69).

Christian Dior, 2010
O vestido de alta-costura rosa e preto assinado por John Galliano condensa a tendência da roupa de baixo como peça principal. A saia volumosa foi inspirada no estilo dos anos 1950.

Zandra Rhodes, 1981
Este vestido preto e dourado, com corpete estilo espartilho, foi inspirado no formato dos trajes de anquinha do século XVIII. Essa forma é acentuada pelo tecido de lamê e pelo uso de pregas (ver "Artificiais e sintéticos", pp. 60-61).

Maison Laferrère, 1900
O vestido Paris, da princesa Alexandra da Dinamarca, tem o corpo em cetim com barbatanas e saia de gorgorão com sete painéis. A cauda e a bainha com babado ajudam a alongar a linha elegante, e o vestido é exuberantemente enfeitado com pérolas, diamantes e lantejoulas. Esta famosa casa de moda francesa abasteceu toda a aristocracia europeia.

Traje de baile, 1820 (acima)
Os vestidos de baile do início do século XIX normalmente eram montados com duas camadas, para criar um efeito de transparência. O sobrevestido em renda de seda industrializada é decorado com tiras metálicas, com acabamento em renda blonde (ver "Rendas", p. 70).

Vestidos para o tapete vermelho

Um vestido de tapete vermelho é desenhado para causar um impacto poderoso no público: ele traz o elemento "uau". Membros da realeza e celebridades do *show business* costumam ser admirados como ícones da moda, e ocasiões como a cerimônia de premiação do Oscar são uma excelente oportunidade para um estilista exibir seus talentos – particularmente as coleções de alta-costura – com um cliente famoso e ganhando cobertura máxima da mídia. Se o traje for aprovado, o cliente conferirá prestígio para o estilista que o vestiu.

Chanel, 1932 (à esquerda)
Este vestido glamouroso foi feito em seda azul-turquesa e todo coberto com lantejoulas da mesma cor vibrante. Ele tem um acentuado decote em V, e, nas costas, o decote é ainda mais generoso, chegando até a altura da cintura, para causar um tremendo impacto (ver "Adornos" pp. 68-69).

Versace, 1994
O vestido de tapete vermelho mais famoso foi usado por Elizabeth Hurley, que, segundo dizem, depois disso deslanchou na carreira de modelo. Inspirado no movimento punk, a peça reveladora parece ser presa por alfinetes, que disfarçam a engenhosa construção de Versace.

Stéphane Rolland, 2009
O estilo de Rolland teve inspiração no glamour da série de TV *Dinastia*, que foi ao ar nos anos 1980, e na arquitetura. Este vestido de alta-costura, em lurex preto com franzidos, caimento ajustado e cauda dramática, foi comprado por Cheryl Cole para ser usado no programa de televisão *The X Factor*.

Balenciaga, 1955
A parte de trás deste vestido, com decote V e estilo anquinha, é o foco central do modelo. Sua forma escultural foi criada com tecido drapeado e um enorme laço retangular como acabamento, sustentado com armação de arame.

Balmain, década de 1950
Acredita-se que este luxuoso vestido da Balmain tenha sido usado em um baile na Corte. Os enfeites ilustram o detalhado trabalho a mão, feito por dois ateliês especializados em Paris: o Lesage, que se encarregou do bordado, e o Lemairé, que cuidou da aplicação das penas.

O vestido preto

O uso do preto nos trajes femininos tem uma história complexa. Visto como ausência de cor, ele foi utilizado como luto, principalmente no século XIX. O preto também tem sido usado para criar um efeito dramático, quando combinado com uma cor ou textura contrastante, como renda e contas. Nos anos 1920, estilistas como Gabrielle "Coco" Chanel promoveram a ideia de que o vestido preto simples e curto era adequado para todas as ocasiões, incluindo o então novo cocktail dress.

Lanvin, 2010
Alber Elbaz combinou um tipo de drapeado associado ao estilo neoclássico e um glamour gótico dos anos 1980 para criar este vestido assimétrico. O couro macio e flexível forma dobras acentuadas, que refletem a luz para produzir nuanças de preto.

Thierry Mugler, 1999 (à direita)
Mugler criou este vestido de noite com expressivo formato escultural e na cor preta, que fortalece a silhueta. O decote baixo é realçado pela adição de grandes contas que se parecem com estalactites, criando um efeito gótico pontiagudo.

Vestido de noite, 1894
Este vestido de veludo de seda tem mangas amplas, que estavam na moda nos anos 1890, com contas, lantejoulas e tule criando textura. A peça foi vendida em uma loja de departamentos de Nova York, mas provavelmente copiada de um modelo de Paris.

Jean Shrimpton, década de 1960
Os vestidos pretos "sequinhos" viraram moda nos anos 1960, por conta de filmes como *Bonequinha de luxo*, que apresentava roupas de Givenchy feitas para Audrey Hepburn. Na foto, Jean Shrimpton, considerada a primeira supermodelo do mundo, usa um desses vestidos. O decote drapeado e baixo é realçado pela flor branca.

Vestido de luto, 1817
Este é um vestido de noite preto, adequado para ser usado como parte do luto na Corte pela morte da princesa Charlotte, a única filha de George IV. O estilo segue a moda de cintura alta e enfeites aplicados, que conferem textura ao tecido preto.

Tailleurs

A popularidade do tailleur, composto de blazer curto e saia, deriva dos trajes de montaria femininos, que por sua vez foram baseados nos trajes masculinos. Ele era visto como um modo mais prático de se vestir para caminhar e cavalgar e, em torno de 1890, refletia um estilo de vida mais ativo da população feminina. À medida que as mulheres passaram a ocupar um papel mais proeminente no mundo dos negócios, o tailleur tornou-se parte essencial do guarda-roupa da mulher que trabalha fora.

Tailleur de linho, 1894
Jacques Doucet era reconhecido por seus elaborados vestidos de noite e também por seus trajes mais práticos, como os tailleurs, para serem usados durante o dia. O paletó de linho deste conjunto tem lapelas masculinas largas, que combinam com as mangas presunto.

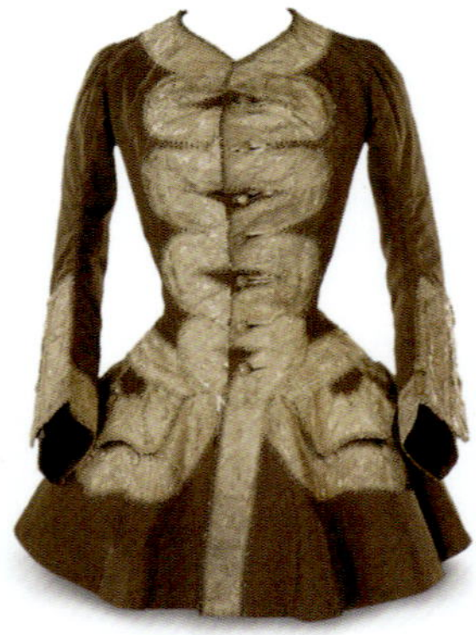

Jaqueta de montaria, 1750-1759
As jaquetas tinham um corte justo que valorizava as formas femininas, com referências masculinas. Esta incluiu uma abertura nas mangas com punhos largos e bolsos grandes, com acabamento em cordões de prata.

New Look, 1947 (à direita)
Carmel Snow, então a influente editora da *Harper's Bazaar*, chamou a primeira coleção de Christian Dior de New Look – o "novo visual" –, e este conjunto ainda é o traje mais famoso da grife. Foi um choque, após os tempos de racionalização durante a Segunda Guerra Mundial (1939-1945) e as saias justas na altura dos joelhos, ver uma saia comprida, ampla e pregueada, acompanhada de um blazer estilo corselete.

Conjunto casual cáqui, 2009 (à esquerda)
Antonio Marras, pela Kenzo, criou um conjunto cáqui romântico inspirado na história russa. O uniforme masculino recebeu um corte feminino ao centrar a atenção na cintura marcada com cinto largo, e as mangas têm faixas largas de pele em vez de punhos.

Tailleur poderoso, 1986
O tailleur de Edina Ronay faz referência às jaquetas de montaria em detalhes como os bolsos de veludo e a lapela, e o corte de alfaiataria masculina. A saia é curta e reta, o que desvia o olhar para os ombros largos, estruturados com ombreiras.

Saias

Na segunda metade do século XX, as peças separadas dominaram a moda jovem, mas na alta-costura elas têm estado associadas aos conjuntos, para dia ou noite. O comprimento e o formato das saias variaram de acordo com as normas rígidas da moda até o início de 1970, mas desta década em diante mais nenhuma regra foi aplicada.

Beverley Sisters, 1959
Aqui, as integrantes do Beverley Sisters – na foto, ao lado do cantor Nat King Cole – vestem o modelo de saia que estava na moda no final da década de 1950: com rodado amplo e usada com cinto largo para realçar a cintura. Os tecidos estampados em xadrez viraram moda quando Brigitte Bardot se casou, em 1959, usando um vestido xadrez vichy cor-de-rosa.

Louis Vuitton, 2010
Marc Jacobs inspirou-se no formato extremamente feminino dos anos 1950 para realçar o busto e a cintura, e especialmente em Brigitte Bardot. Aqui, uma saia de verão rodada de xadrez vichy foi transformada em um xadrez tipicamente escocês de inverno.

Yves Saint Laurent, 1976
A coleção de verão de 1976 foi inspirada nos cenários e nas roupas dos balés russos de 1910. Saint Laurent faz uso ostensivo ao contrastar sedas pretas e laranja, com debruns em dourado, no que aparenta ser duas saias.

Burberry Prorsum, 2010 (abaixo)
Apesar de se tratar de uma saia curta e justa, a impressão de opulência é criada pelo uso do estilo neoclássico drapeado. Esta minissaia em chiffon, no formato tulipa, é chamada em inglês de loop knot skirt, e o estilo ecoa na jaqueta.

Bill Gibb, 1974 (à esquerda)
Este vestido de noite combina jaqueta estruturada e saia longa rodada de tule bordado. A saia é tratada como se fosse uma imensa tela feita para expor um jardim campestre criado com motivos de renda e bordado.

Terninhos

Levou um bom tempo para que o terno social começasse a ser aceito como parte do guarda-roupa feminino. Algumas mulheres nos círculos políticos e da moda, na Europa e nos Estados Unidos, usavam esse tipo de roupa no século XIX. Entretanto, foi somente depois do sucesso do terno de noite Yves Saint Laurent baseado nos ternos masculinos, em 1966, que a calça comprida começou se tornar aceitável como traje de noite feminino.

Sarah Bernhardt, 1872
A atriz francesa internacionalmente famosa estrelou dezoito papéis usando calça comprida, incluindo *Hamlet*. Sarah Bernhardt apoiava o uso dessa peça para as mulheres, apesar de ser ilegal na França. Aqui, ela veste uma versão solta de um conjunto de calça e paletó.

Armani, 1990
Armani usou seda fina e lantejoulas para criar este terno de noite. O paletó tem enchimentos exagerados nos ombros, descendo estreito, e a calça bordada em lantejoula dá seguimento ao estilo linear.

Antony Price, 1977
Na década de 1970, Price ficou famoso por desenhar roupas glamourosas para homens e mulheres, incluindo a banda de rock Roxy Music. Este terno para noite é uma versão dos ternos masculinos, mas tem corte acinturado e é usado sem camisa.

Le Smoking, 2002 (à direita)
Yves Saint Laurent apresentou seu primeiro terno de noite em 1966, que desde então se tornou marca registrada da casa. Laurent buscava a criação de um guarda-roupa prático para as mulheres a partir das peças básicas que eram vendidas para os homens.

Betsey Johnson, 2001 (à esquerda)
A estilista nova-iorquina Betsey Johnson é famosa por seu estilo extrovertido original, que inclui roupas justas em cores vibrantes. O terno de veludo mostrado aqui combina paletó acinturado e calça justa, no estilo dos culotes usados no século XVIII.

CASUAL MASCULINO

Casual masculino

Introdução

As roupas masculinas costumam ser menos afetadas pelas tendências do que as femininas, e a modernização tende a roupas mais leves, confortáveis e menos restritivas. Foi exatamente esse fator que marcou a mudança do alfaiate para o estilista. Desde a década de 1970, os estilistas vêm interpretando de modo mais criativo os códigos tradicionais da vestimenta masculina. Esse fato tem conduzido a uma vasta opção de roupas que refletem desde a identidade máscula do cavalheiro inglês ao rebelde com roupa de couro.

Camisa de couro, 2010
As camisas de couro usadas no verão mostram como as mudanças no vestuário podem estar ligadas à modernização dos materiais. Ao longo dos últimos anos, o couro, como neste exemplo da D&G, tem sido usado na produção de trajes mais leves e macios.

Trench coat, 2006 (à direita)
O trench coat tornou-se mundialmente popular, e os estilistas buscam constantemente novas inspirações para reinventar o estilo tradicional. No modelo ao lado, o casaco é mais comprido do que o paletó ¾ que se alinha com a silhueta skinny minimalista da Dior.

O visual couro, década de 1970
Este conjunto em couro composto de boné, colete, calça e sapatos plataforma representa o estilo soul boy usado na Grã-Bretanha e nos Estados Unidos no início de 1970. O estilo foi popularizado por cantores pop como Errol Brown e pelo músico Isaac Hayes.

Calça casual, 1985
Em 1980, Giorgio Armani desenhou o guarda-roupa usado pelo elegante personagem que Richard Gere interpretou no filme *Gigolô americano*. Esta calça, feita de lã fina e seda mista, reflete o estilo casual chique.

Camisa xadrez, 1957
Jim Dale, que fez sucesso com uma música em 1957, aqui veste a camisa xadrez e a calça casual por ele personificadas. A camisa, sem gravata, deriva do estilo do trabalhador norte-americano e do *cowboy*.

Trench coat

Humphrey Bogart, 1943
O astro Humphrey Bogart ajudou a popularizar o trench coat ao usá-lo em *Casablanca*, conferindo ao modelo um estilo mais de homem de negócios e menos militar.
O trench, a gravata, o cinto amarrado com um nó e o chapéu fedora demonstravam atitude.

O nome trench coat (literalmente, "casaco de trincheira") foi dado pelos soldados durante a Primeira Guerra Mundial, depois que o novo modelo de capa de chuva feito por Thomas Burberry para um oficial foi aceito pelo UK War Office. A peça era confeccionada na então novíssima gabardine impermeável, e tinha uma pala nas costas, tiras ajustáveis nos punhos, dragonas, uma aba para proteger da chuva em um dos ombros e bolsos à prova de tempestades.

Paul Smith, 2010
Este trench coat vermelho brilhante, usado com calça e sapatos da mesma cor, subverte a regra da camuflagem militar.
O tecido também é inusitado: em vez de um prático algodão impermeável ou lã, a peça é de seda.

Raf Simons, 2010 (à direita)
Simons produziu um trench coat tradicional na cor e no tecido, mas experimentou no corte. A começar pela pala nas costas e pela aba para proteger da chuva, e principalmente ao apresentar três linhas horizontais, que dão a aparência de serem três peças em vez de uma.

Hermès, 2010 (abaixo)
Esta versão do trench coat segue a tendência do couro macio e também se relaciona com a história da Hermès e a sua produção de selas e artigos de couro. O uso abundante do couro aqui e o tom cinza-amarronzado evocam o luxo.

Lord John, 1968 (à esquerda)
Este trench coat longo de lã foi comprado na moderna boutique Lord John, na Carnaby Street, pelo chapeleiro David Shilling. O corte do casaco é ajustado e contrasta com os pespontos em moda na época.

Ternos claros

Gravura de moda francesa, década de 1920
Os ternos de 1910 e início de 1920 tinham um corte com linhas slim, ombros com caimento suave e calça com boca estreita. Este terno claro é vestido com uma gravata preta e polainas sobre os sapatos, criando a impressão de ser um traje feito para ser usado na cidade.

Os ternos claros são usados desde o final do século XIX, e, à medida que o corte das calças e dos paletós mudava, essas mesmas alterações se refletiam nos modelos dos ternos. A sua popularidade duradoura atesta a necessidade da vestimenta masculina de se tornar menos formal, uma vez que cores mais claras e tecidos associados ao iatismo e outros esportes começaram ser usados no contexto urbano. No século XX, a etiqueta ficou mais flexível, permitindo que as cores claras se tornassem aceitáveis em trajes de noite.

Versace, 2010
O costume de verão ao lado, da Versace, exibe vários tecidos em tons de branco e combina o traje tradicional feito sob medida com um moderno visual em camadas. O paletó com abotoamento duplo tem lapelas pontudas e chanfradas e fivelas no lugar dos botões.

Terno de flanela, 1904 (à esquerda)
Este terno de flanela com botões de madrepérola é um exemplo dos ternos claros que estavam na moda no verão do final do século XIX. O paletó com abotoamento duplo tem origem nos casacos usados pelos marinheiros.

Regência, 1972 (à direita)
Este costume em linho da Blades recebeu o nome de Regência por seu formato de jaqueta. O corte na cintura é parecido com os vistos nos paletós do início do século XIX, mas a calça boca de sino era uma tendência da década de 1970.

Tommy Nutter, 1973 (acima)
Em 1977, o filme *Os embalos de sábado à noite* trouxe John Travolta como rei das discotecas, em seu terno com camisa preta de colarinho aberto. Os ternos claros usados sem gravata tornaram-se moda como traje casual de noite.

Jaquetas

O crescimento da popularidade da jaqueta casual na segunda metade do século XX resultou em um distanciamento do traje formal. Após a Segunda Guerra Mundial, surgiu uma imensa variedade de jaquetas que tomaram emprestados detalhes dos militares, refletindo um estilo de vida mais ativo e jovial. Essas peças, que tinham mais a ver com a expressão pessoal ou a identidade de um grupo, nos tempos modernos se tornaram parte do vocabulário de estilo para os estilistas brincarem.

Jaqueta Perfecto
Irving Schott desenhou a sua primeira jaqueta para motociclistas em 1928 e a batizou de Perfecto em homenagem ao seu cigarro preferido. Quando a jaqueta, com bolso na diagonal e com zíper, foi usada por Marlon Brando, acabou se transformando em um clássico do vestuário rebelde.

Jaqueta Aviador US, década de 1950
A jaqueta aviador ou bomber é feita de couro, presa na cintura e forrada de pelo de carneiro como a vista aqui. Originalmente, era usada pelos pilotos da Força Aérea norte-americana, mas foi mundialmente adotada como uma jaqueta da moda, nova ou vintage.

Jaqueta de beisebol, 2010
Numa típica abordagem dos clássicos da moda, norte-americana ou inglesa, Paul Smith subverteu a ideia das cores do time e dos distintivos e usou os tons pastel de verão combinando com o exótico motivo de abacaxi havaiano.

Jaqueta country, 1994
Esta jaqueta em veludo cotelê de abotoamento simples, com dois botões, desenhada por Joe Casely-Hayford, é um exemplo dos estilos country que têm sido adotados como trajes sofisticados da moda urbana. Este é conhecido como estilo cavalheiro inglês (English Gentleman Style).

Jaqueta militar, 2006 (à direita)
Stefano Pilati, da Yves Saint Laurent, desenhou uma jaqueta com referências militares. A jaqueta tem colarinho Nehru, e o corte da frente é do século XIX, combinado com dragonas e bolsos com pregas das jaquetas de guerra.

Jeans

A palavra jeans deriva de Gênes, o nome francês para Gênova, na Itália. O termo era usado para descrever as calças feitas de tecido resistente, usadas pelos trabalhadores do porto dessa cidade. Entretanto, como um componente essencial do guarda-roupa masculino, do qual deriva, o jeans é identificado com os Estados Unidos. A imagem do *cowboy* norte-americano evocada pelo jeans foi imortalizada em filmes como *Sete homens e um destino* (1960) e é reforçada pelas estrelas do rock. Atualmente, várias empresas especializadas na produção de jeans e os principais estilistas têm oferecido uma imensa variedade de jeans.

D&G, 2010 (acima)
A D&G foi originalmente fundada em 1992, em Milão, oferecendo uma linha de jeans e produtos masculinos derivada da marca principal, Dolce & Gabbana. Jeans rasgados e enfeitados fazem parte de uma retomada glamourosa e jovial da moda *punk*.

Jeans Levi's 501
O jeans foi inventado por Levi Strauss, com o alfaiate Jacob Davis, em 1873, como uma calça durável para os trabalhadores do Oeste. Por volta de 1950, o jeans era vendido nos estados do Leste e associado aos ideais rebeldes, graças a filmes como *O selvagem* (ver p. 34).

Vince, 1960 (abaixo)
Esta calça jeans conta com um corte feito para exibir um corpo bem torneado, em 1960. Ela foi comprada por um modelo que trabalhava na Vince, a primeira butique masculina da Carnaby Street.

Alexander McQueen, 2008 (à esquerda)
Aqui, a calça jeans ¾ é parte do tema *rockabilly*, da década de 1950. McQueen exagerou na calça jovial skinny ao combiná-la com um paletó desproporcional.

Elvis Presley, década de 1950 (à direita)
Durante a década de 1950, empresas como a Wrangler e a Lee se estabeleceram como competidoras da Levis, e com isso a imagem do jeans e da roupa de brim recebeu um novo impulso, quando passaram a ser usados por estrelas do rock como Elvis Presley.

Calças

A calça usada em ocasiões menos formais foi particularmente afetada pelo desenvolvimento de materiais e da moda no século XX. Os estilistas não seguem mais as regras, e uma coleção pode mostrar tanto o corte skinny quanto o baggy ao mesmo tempo. Tecidos e estilos, como o couro e o militar, são revisitados por alguns estilistas com a intenção de explorar e retrabalhar as suas associações. Outros estilistas, como Gaultier e McQueen, desafiaram os pontos de vista tradicionais da moda masculina, alterando o corte e as cores.

D&G, 2010
Esta calça de couro, apresentada na coleção 2010, mostra como os tecidos já não estão mais ligados a uma estação. A imagem de um jovem europeu bem-sucedido também é muito diferente da dos motociclistas ou estrelas do rock norte-americanos da década de 1950.

Rock 'n' roll, 1960
Esta fotografia mostra a popularidade das roupas de couro na década de 1960, entre os jovens ingleses e cantores de rock norte-americanos. Gene Vincent, à direita, marcou época com as roupas de couro que costumava usar em suas apresentações.

***Rockabilly*, 1980**
Esta extravagante calça rosa fez parte do estilo *rockabilly* londrino, do início de 1980. Eles se inspiravam nas roupas usadas pela estrela do rock norte-americano Eddie Cochran.

Alexander McQueen, 2005 (à esquerda)
Nesta coleção, McQueen experimentou a combinação de trajes militares com peças coloridas e enfeitadas. Aqui, ele misturou uma calça baggy cinza com um top coberto de bordados indianos.

Gordon Deighton, 1968 (à direita)
Os trajes em algodão barato tingido normalmente eram associados com o estilo *hippie* de se vestir, do final da década de 1960, mas esta calça foi confeccionada em seda tingida e vendida na sofisticada loja de departamento londrina Simpsons of Piccadilly.

Camisas

Até o século XX, as camisas não passavam de peças de roupa íntima, razão pela qual ficavam ocultas, debaixo de outros trajes, exceto pelo colarinho e pelos punhos, que vinham expostos. Camisas com colarinhos delicados eram usadas para a prática de esportes, como o críquete, no final do século XIX, e com isso gradualmente as camisas foram se tornando mais visíveis. Para o traje casual, quando usada sem gravata, a camisa pode ser utilizada pelos estilistas para desafiar os formatos e os materiais tradicionais.

Pastel, 1968
Esta camisa cor-de-rosa de algodão foi desenhada por Gordon Deighton em 1968. O corte lembra o das camisas sem colarinho do século XIX, e a frente enfeitada está ligada ao bordado inglês, mais usado em roupas femininas.

Romântica, 1750-1800
Esta camisa em linho é composta de quadrados e retângulos unidos por colarinho e punhos. As mangas volumosas serviram de inspiração para as camisas estilo dândi, que foram moda na década de 1960, e para o Novo Romantismo dos anos 1980.

Mod, 2006 (à direita)
A coleção de Hedi Slimane, inspirada nos anos 1960, mostra uma versão desconstruída da camisa mod. Esta variação sem mangas alonga a silhueta skinny e exibe uma figura jovem.

Arte, 2010 (abaixo)
Em janeiro de 2010, Alexander McQueen exibiu sua coleção masculina de outono em Milão. A superfície desta camisa foi tratada como se fosse uma tela, com a mesma pintura explosiva continuando na balaclava e nas luvas.

Bordada, década de 1540
No século XVI, as partes expostas de uma camisa, colarinho e punhos, eram guarnecidas com babados e bordados. Esta camisa de linho traz um desenho estilizado de aquilégias e folhas, bordado em ponto cruz com um fino fio de seda azul.

Malhas

Apesar de o tricô ser uma arte antiga, o uso das malhas na atualidade acabou associado à prática de atividades ao ar livre, como críquete, golfe, iatismo e esqui. Na Grã-Bretanha, existem estilos regionais de malhas tricotadas a mão. O Aran, da Irlanda, por exemplo, é feito com lã natural usando agulha para trança, para produzir padrões distintos, enquanto o Fair Isle, da Escócia, gera padrões geométricos coloridos, em tiras horizontais.

Alexander McQueen, 2006
McQueen misturou referências neste modelo e subverteu a ligação entre o pulôver Fair Isle e o estilo cavalheiro inglês. Em vez disso, a malha combina com um tipo de estilo mafioso.

Fair Isle, 1931
Este padrão é feito em ponto meia, na frente, e ponto tricô, no avesso, em que a cor do fundo é tricotada em ponto meia e os fios coloridos, em ponto tricô. A técnica também confere reforço extra às tiras, que são associadas às ilhas Shetland.

Flocos de neve, 2010 (à direita)
A D&G exibiu esta malha com estampas de flocos de neve e veados na coleção inverno 2010. A estampa vibrante e colorida associa-se à prática de esqui e ao Natal.

Aran, 2010
Gaultier costuma apresentar diferentes modelos de malhas Aran em suas coleções, tanto para mulheres quanto para homens, ligando a peça a um item de luxo. Esta técnica de tricô feito a mão é valorizada pela sua textura e como exemplo de habilidade ímpar.

Casual feminino

Introdução

As roupas casuais e com peças separadas desenvolveram-se como modo de se vestir a partir do final do século XIX, quando as opções de estilo de vida para as mulheres se ampliaram. Muitos estilistas – desde Chanel, nos anos 1920, a Yves Saint Laurent e Mary Quant, na década de 1960 – promoveram um modo de se vestir mais confortável e prático. Muitas das suas ideias iniciais vieram de adaptações dos trajes masculinos e foram inspiradas em temas como o militar. Ao longo da década de 1950, a calça comprida foi se tornando mais aceitável em ocasiões casuais.

Náutico, 2006
A coleção verão 2006 da Kenzo exibiu o tema náutico completo, com cenário de ondas e tudo o mais. As referências apareceram no azul-marinho com branco e vermelho e na calça larga de marinheiro. Aqui, as peças contam com mais um acessório: uma boina em miniatura.

Calça justa, década de 1950
Esta fotografia ilustra como a calça comprida se tornou parte do traje casual feminino, por volta de 1950. Calças com corte bem ajustado, normalmente com zíper lateral, eram moda no final da década de 1950 e início dos anos 1960.

Militar, 2010 (à esquerda)
Phoebe Philo, na grife Céline, exibiu uma abordagem minimalista da tendência militar na minissaia com debrum de couro. Em um visual de camada, ela é usada com uma camisa comprida, que aparece por baixo da barra da saia.

Brincalhão, 2010
As roupas para as estações do ano podem inspirar os estilistas a explorar novas referências. É notório o talento de Jean-Charles Castelbajac para brincar com as roupas, e esta saia traz uma abordagem divertida do tema ilha paradisíaca.

Preppy, década de 1980
O blazer simples, sem emblema, como o visto aqui, fez parte do estilo preppy – colegial –, que teve muito sucesso nos Estados Unidos e na Grã-Bretanha no início dos anos 1980. A gola careca e os sapatos de salto baixo completam o visual de corte simples.

Trench coat

Gaultier, 2002
O modelo do trench coat de Gaultier incorporou a cor tradicional, os botões e as fivelas. Entretanto, o casaco foi cortado de um modo que realça o corpo e as linhas do pescoço e dos ombros, para revelar a lingerie de renda.

Apesar de a capa de chuva ser particularmente associada à Burberry (ver p. 110), outras casas de moda, como a Aquascutum, também têm uma longa tradição na produção desse modelo. O trench coat vinculou-se ao estilo de vida da classe alta britânica dos anos 1960 e também ao serviço secreto (por conta das séries de TV e dos filmes do gênero). De clássica capa de chuva inglesa, ele se transformou em um estilo internacional, que os estilistas exploram continuamente fazendo referência às tendências correntes.

Dior, 2010 (à esquerda)
John Galliano inspirou-se nos filmes da década de 1940, estrelados por atrizes como Lauren Bacall, quando desenhou esta versão do trench coat. A cor, os botões e o cinto são tradicionais, mas a prática capa de chuva se transformou em uma blusinha decorativa.

Trench, 1963 (à direita)
Esta fotografia, feita por John French, mostra o trench coat como uma típica capa de chuva inglesa para ser usada em práticas esportivas, ao ar livre e no campo, como o tiro ao alvo. Ele também foi associado aos agentes secretos ingleses, como Steed, da série de televisão *Os vingadores*.

Burberry, 2010 (abaixo)
O trench coat de verão da Burberry seguiu a tendência dos ombros largos e franzidos. Este modelo, feito em algodão cor-de-rosa no estilo chamado knotted epaulette (dragona com nó), tem uma forte referência militar no cinto de lona e na fivela de metal.

Lacroix, 2005 (à esquerda)
Neste estampado trench coat, Lacroix exagerou no formato da saia e usou um luxuoso cetim duquesa, em vez da costumeira gabardine. A superfície foi pintada a mão e bordada com contas brilhantes para dar um efeito de noite.

Jaquetas

No século XIX, a jaqueta feminina fazia parte do traje de passeio, quando uma capa ou um casaco não eram necessários. O avanço nos meios de transporte e o uso de carro e motocicletas também ajudaram a transformar a peça em algo mais prático do que um casaco. Historicamente, ela era usada para esportes como a equitação e, depois, o esqui, antes de ser associada a uma forma de se vestir inteligente e menos formal. Muitas versões foram inspiradas nas jaquetas masculinas.

Tailleur Bar, 2004
Este tailleur Bar da Dior, da coleção verão 2004, foi inspirado nos modelos com peplums em matelassê das jaquetas da primeira coleção de Christian Dior, de 1947. Dizem que foi uma resposta aos pedidos das clientes por uma jaqueta da marca Dior.

Jaqueta de couro, 1990
Katherine Hamnett usou este modelo básico de jaqueta Perfecto de couro preto, com uma superfície brilhante enfeitada com tachinhas, como uma metáfora ao meio ambiente. Nas costas, está escrito Clean Up Or Die – algo como "Limpe ou morra".

Spencer, 1818 (à esquerda)
O nome dado a esta jaqueta foi uma homenagem a George, o segundo conde Spencer, que lançou a moda ao usar uma jaqueta curta sem cauda, em meados de 1790. Era um traje prático, que também completava a silhueta neoclássica (ver p. 43.)

Blazer, 2006 (à direita)
Esta coleção verão desenhada por Nicolas Ghesquière para a Balenciaga foi baseada no estilo dândi masculino. Aqui, o blazer de clube convencional, com listras largas e distintivo, é exibido com uma blusa feminina com babados e calça de cós baixo.

Jaqueta militar, 1942
Esta jaqueta estilo blusa com ombreiras tem como inspiração as jaquetas usadas pelo Exército, especialmente no detalhe do cinto afivelado na cintura. Ela foi desenhada provavelmente por Victor Stiebel durante a Segunda Guerra Mundial, época do sistema de vestimenta utilitária, uma vez que os tecidos eram racionados.

Blusas e camisas

As blusas e as camisas evoluíram de acordo com uma necessidade prática, junto do terno, da jaqueta e da camisa, no final do século XIX. Inicialmente, elas se baseavam nas camisas masculinas, mas eram feitas de tecidos mais finos e modeladas para exibir uma figura moldada pelo espartilho. Ao longo do século XX, os estilos predominantes foram o de camisa social com colarinho e o de camisa com mangas bufantes românticas. Os estilistas continuam explorando essas formas, buscando inspiração em outras culturas e na desconstrução.

Miu Miu, 2010
Esta blusa extremamente enfeitada contrasta um colarinho engomado de camisa social com tiras transparentes ao longo do corpo. O ponto casinha de abelha decora as mangas, e a aplicação de cristais confere um efeito luxuoso.

Eduardiano, 1902
Esta fotografia mostra a rainha Alexandra vestindo um típico traje diurno, composto de blusa branca de renda com decote alto e saia. As mangas bufantes e o discreto volume na parte da frente realçam a cintura fina da moda.

Dândi, 2006 (abaixo)
Esta blusa fez parte da coleção dândi da Balenciaga. Ela conta com referências de época, que vão desde os babados do século XVIII às blusas de decote alto de 1900. Ao restringir a cor ao creme e ao branco, Nicolas Ghesquière deu destaque à textura da roupa.

Camponesa, 1976
A blusa de Yves Saint Laurent faz parte da coleção russa, para a qual ele buscou inspiração nos tecidos coloridos do Marrocos. O corte simples com mangas largas oferece o fundo perfeito para a exibição do bordado.

Romântica, 2005 (à direita)
Gaultier, para Hermès, encontrou inspiração na blusa camponesa romântica neste exemplar confeccionado em chiffon de seda transparente. A estampa é de toile de Jouy, que desde o século XVIII evoca o luxo francês.

Calças

As calças femininas – normalmente baseadas nas masculinas – vêm sendo usadas em ocasiões casuais desde os anos 1920. Foi a partir de 1950, porém, que foram amplamente adotadas pelas mulheres. As duas tendências principais têm sido a calça capri e a bumster. A primeira foi criada por Emilio Pucci, que deu à calça justa na altura das panturrilhas o nome do local onde ficava a sede da sua casa de moda, Capri. Alexander McQueen lançou a calça bumster, apertada abaixo da cintura e com gancho curto, na primavera de 1995.

Boca de sino, 1961
Esta peça Mary Quant mostra a moda das populares calças boca de sino, cujas pernas se alargavam dos joelhos para baixo. O corte origina-se das calças usadas pelos marinheiros no século XVIII, assim como os quatro botões na frente.

Couro, 2010
A calça de Christophe Decarnin para a Balmain exibe o estilo skinny, que foi lançado por Hedi Slimane para os homens. Foi usado couro supple em um tom vermelho brilhante, que faz referência ao vermelho militar.

Cintura baixa, 2001 (à esquerda)
Esta calça bumster, com cintura ultrabaixa, é da coleção inverno 2001 de Sonia Rykiel. O modelo é baseado no formato e no corte das calças masculinhas formais de flanela, com pregas na frente e cós com tira longa.

Flare, 1971 (acima)
Parecida com a boca de sino, a calça flare é também conhecida, em inglês, como loons, de ballon ("balão", em inglês). A da foto, confeccionada pela Falmers em 1971, tem pernas largas e braguilha masculina com zíper.

Calça capri, década de 1950
Grace Kelly usa uma calça capri justa de seda, com um cinto escuro que realça a sua cintura fina. Combinada com uma camisa de seda e alpargatas, o efeito é casual, mas elegante.

Saias

Até o século XIX, a saia geralmente era vista apenas como um painel à frente de um vestido. A peça evoluiu para um item à parte após a década de 1860. Já no século XX, com a necessidade de roupas mais práticas – como o terno – e a popularidade dos conjuntos de duas peças nos anos 1950, a saia tornou-se um importante item do vestuário feminino – e, como tal, tem refletido as mudanças culturais e de tecidos, bem como as tendências.

Saia lápis, 2010
Esta saia Christopher Kane é uma versão da saia lápis formal, que normalmente tem uma prega ou fenda atrás, para facilitar o movimento, que se abre ao caminhar. Em vez disso, a peça da foto traz duas fendas laterais e o tecido é um xadrez dos anos 1950.

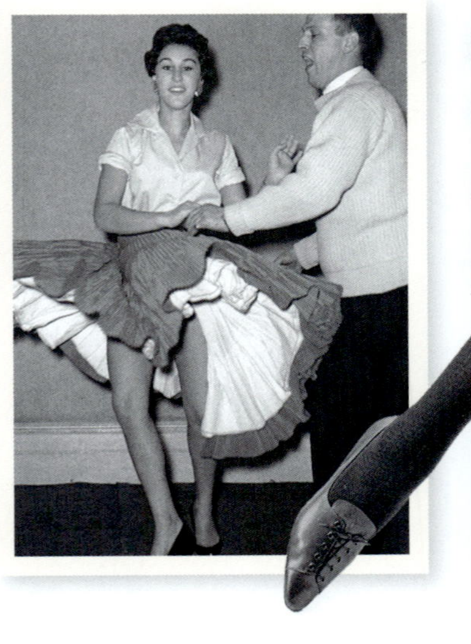

Saia volumosa, 1955
Na década de 1950, quando o *jive* era a dança da moda, as saias rodadas e volumosas estavam no auge. Como se pode perceber aqui, a peça não restringia as pernas e levantava de acordo com os passos da dança.

Listras, 1932
As listras são usadas de maneira inteligente neste conjunto de Nicole Groult, para atrair a atenção para a cintura e a silueta. O paletó curto simples desvia o olhar para a saia, que é cortada em viés, e casa as listras na costura central.

Míni, década de 1960
O comprimento desta saia fica um pouco acima dos joelhos e mostra o início da moda minissaia, que alcançou a sua versão mais curta por volta de 1970. O formato simples da saia, provavelmente confeccionada em lã ou jérsei sintético, é realçado pela estampa xadrez.

Étnica, 1981
Este traje de Ralph Lauren é conhecido como look Navajo. As cores e a estampa associadas aos índios navajos serviram de inspiração para o modelo desta saia de lã, com cinto prata e turquesa.

Malhas

Body Map, 1985
Nos anos 1980, esta marca criada por Stevie Seward e David Holah ficou famosa pelas suas malhas diferentes. O traje em camadas da foto é um exemplo típico, baseado no vestido tubinho com faixas horizontais na frente.

O tricô já era conhecido desde a Antiguidade, mas os coletes e os cardigãs só entraram em moda entre 1920 e 1950, em parte devido à popularidade de esportes como o esqui, que requerem roupas quentes. As malhas tricotadas a máquina são comercializadas desde o final do século XIX, mas houve vários períodos de retomada do tricô feito manualmente. Os estilistas têm buscado inspiração nos padrões tradicionais e também nos novos efeitos que o tricô pode oferecer.

Sonia Rykiel, 2008 (à direita)
Esta estilista é famosa pelos modelos de malha fina listrada. O macaquinho colorido curto ao lado é acompanhado de um casaco coordenado, cujas listras são mais largas e a textura da malha, mais grossa.

Sweater girl, anos 1950 (à esquerda)
O decote V e as mangas ¾ estavam na moda na década de 1950 nas malhas, mas o traço mais marcante era o corte justinho. Esses suéteres eram chamados de sweater girls, por causa das atrizes norte-americanas, como Lana Turner, que adoravam usá-los.

Tailleur de malha, 1967 (abaixo)
Tailleurs tricotados a mão, em oposição aos suéteres e aos cardigãs, não são muito comuns. Entretanto, nos anos 1960, estilistas como Sally Levison, que produziu este conjunto, estavam reinterpretando os trajes tradicionais com materiais inusitados.

Elsa Schiaparelli, 1927 (acima)
Esta blusa de tricô feita a mão ajudou a lançar a estilista em Paris; depois disso, Schiaparelli desenhou modelos de malhas com gravatas e lenços *trompe l'œil*. A peça mostra o aumento da procura por tops casuais na década de 1920.

Esporte e underwear masculinos

ASCULINOS

Introdução

Os avanços no vestuário masculino buscaram produzir roupas que representassem o mínimo de restrição possível. As horas de lazer levaram a uma procura pela prática de esportes, por viagens e também por um estilo pessoal mais expressivo. Desde os anos 1970, quando já havia o ideal de um corpo mais musculoso ou, mais recentemente, mais magro, os estilistas têm buscado inspiração na moda esportiva, na militar, nos trajes de época, de outras culturas e em novas tecnologias. Alguns usam tecidos *high-tech* e estilos futuristas, enquanto outros se concentram no luxo tradicional.

Paul Smith, 2005
Smith criou uma calça extravagante com estampas sinuosas com rosas vermelhas, cor-de-rosa e amarelas sobre um fundo azul-turquesa. As referências misturam o século XVIII, a moda *hippie* e uma subversão do estilo militar.

Doucet Jeune, 1890
O modelo acima é uma roupa íntima, tricotada à máquina com fio de seda, que foi comprada em conjunto com um culote, em Paris. O marquês Anglesey, famoso pelo seu estilo de vida esbanjador, mandou bordar seu brasão no traje.

Vivienne Westwood, 1988 (à direita)
Este conjunto é uma recriação da clássica jaqueta Norfolk e dos calções um pouco abaixo dos joelhos, os knickerbockers, do século XIX. Foi confeccionado em tweed rosa e cinza e mantém as escalas da trama do tecido voltadas para baixo, as bordas arredondadas e os botões esféricos do modelo original.

Versace, 2010
A natureza universal da moda e suas referências são exibidas nos temas desta coleção. Uma camisa estilo djellaba foi tingida como se tivesse perdido a cor sob o sol do deserto e faz conjunto com um boné de legionário francês.

Cyberpunk, 1991
O estilista japonês Ryo Inoue desenhou o que ele mesmo classificou como uma "fusão do corpo humano, da tecnologia e da mídia". Trata-se de um exemplo de modelo conceitual, que utiliza materiais novos e incomuns como o neoprene, o plástico, o metal e a borracha.

Roupas esportivas

Moda dos clubes noturnos, 1984
Esse traje de stretch criado por Vivienne Westwood foi usado como um *club wear gay*. O tecido facilita os movimentos do corpo, e o modelo é inspirado nas camisetas de futebol norte--americano, com riqueza de imagens de patrocinadores e a proteção utilizada nas roupas esportivas.

A história do vestuário para atividades de lazer sempre esteve ligada às roupas de trabalho, esporte e dança. Um aspecto comum a essas atividades é a necessidade de facilitar os movimentos e o conforto, assim como o estilo. No século XIX, essa proposta significava roupas soltas, que fugiam aos padrões da alfaiataria, enquanto no século XX novas técnicas têxteis produziram um impacto significativo. Tecidos como a malha e os com elasticidade como o náilon e a Lycra® propiciaram a produção de roupas leves e coladas ao corpo. As fibras inteligentes permitem conforto durante o esforço, e nessa categoria se incluiu o novo poliéster antitranspirante.

Críquete, 1930
Esta fotografia mostra Terence Rattigan vestindo a roupa utilizada no críquete, que foi copiada pela moda esporte: calça de flanela branca ou creme e uma camisa com colarinho curto aberto no pescoço, com as mangas dobradas.

Culote, 2010 (à direita)
Este traje Dolce & Gabbana foi inspirado no conceito das roupas de trabalho. A ceroula faz conjunto com uma malha cerzida, e a temática principal é reforçada pelas botas desgastadas.

Jaqueta Norfolk, 1900 (acima)
Esta jaqueta de origem militar virou moda, principalmente por conta dos esportes praticados no campo por volta de 1860. Na década de 1890, ela passou a ser usada por jovens nas cidades. A peça da foto foi confeccionada em tweed e tem as duas tiras características que descem do ombro até a barra, com cinto combinando.

Traje de caça, 1975
Os trajes de caça, ao contrário de outras vestes esportivas, pouco mudaram desde o século XIX. Este paletó vermelho com calça em tecido espinha de peixe foi feito pela Bernhard Weatherhill, especializada em vestuário para a prática de esportes.

Camisas

A camisa esporte é solta, adapta-se facilmente ao traje formal ou casual e, além de proporcionar conforto, funciona como uma expressão de personalidade. O uso dessa peça cresceu nos anos 1920, e, à medida que aumentaram as horas de folga e os feriados para os trabalhadores, tornou-se mais comum tanto em casa quanto para usar na rua. A camisa esporte pode refletir o estilo dos times esportivos, bem como outras culturas. E a possibilidade de comprar itens diferentes aumentou desde a introdução da internet, na década de 1990.

Cafetã, 1973
Este traje desenhado pelo estilista londrino Michael Fish, da Mr Fish, foi inspirado em um cafetã. A peça, confeccionada em seda e estampada com motivos ikat asiático, é solta e confortável, refletindo a moda das culturas orientais.

Boliche, década de 1950
Muito populares nos anos 1950 nos Estados Unidos, as camisas de boliche foram ressuscitadas pelos *rockabillies* na década de 1980. A camisa de boliche clássica é de uma cor apenas e tem o símbolo do time bordado a máquina nas costas.

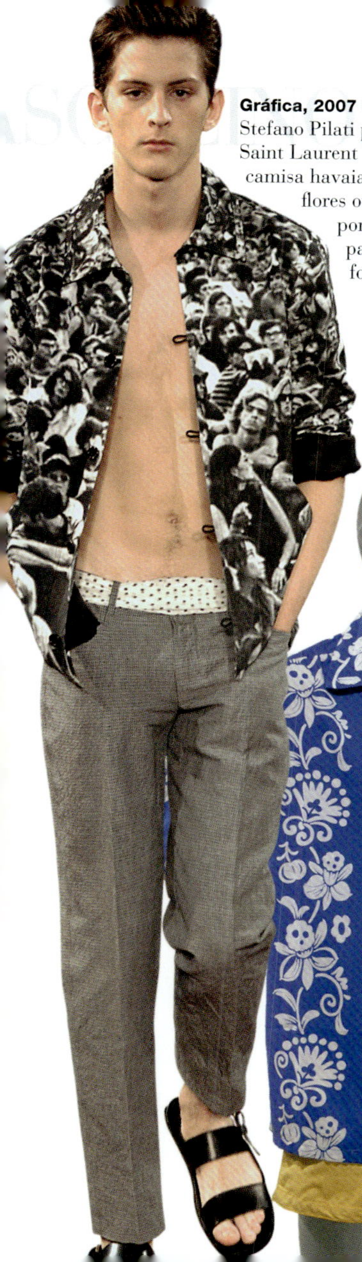

Gráfica, 2007
Stefano Pilati produziu para a Yves Saint Laurent um traje inspirado na camisa havaiana. Mas, em vez das flores ou frutas exóticas, optou por uma estampa criada a partir de rostos fotografados na multidão.

Rancheira, 1958 (acima)
Na década de 1930, os norte-americanos costumavam passar os feriados em ranchos, o que ajudou a popularizar a camisa estilo *cowboy*. O modelo típico, mostrado na foto acima, tinha uma pala bordada e bolsos "sorriso", com pontas em seta e botões de pressão de madrepérola.

Havaiana, década de 1950
Esta camisa colorida tornou-se conhecida depois da Segunda Guerra Mundial, quando os soldados norte-americanos voltaram para casa levando alguns exemplares. Elas foram difundidas por Alfred Shaheen, que aprimorou o modelo e a modelagem; entres seus clientes estava Elvis Presley.

O paletó listrado

No passado, os tecidos listrados eram considerados de uso da classe trabalhadora por serem simples de produzir e, por esse motivo, mais baratos. Entretanto, quando o estilo neoclássico, com seu foco na verticalidade, entrou em moda no último quarto do século XVIII, as listras transformaram-se em item de alta-costura. Christian Lacroix afirmou que elas conferem volume e tridimensionalidade e que representam a modernidade em uma nova era. Para outros estilistas, as listras estão intimamente ligadas ao verão, à moda praia, ao tema náutico e aos esportes.

Traje esporte, 1890
Esta gravura de moda inglesa, de um traje próprio para prática de esportes, apresenta um paletó listrado que faz conjunto com uma calça branca. O paletó tem os característicos bolsos chapados e é usado com camisa e gravata, apesar de se tratar de uma roupa para jogar tênis.

Versace, 2010
O paletó listrado e leve de Versace, usado com calça branca, realça a ligação ao tema da coleção Viagem e Clima Quente e Desértico. Os bolsos chapados fazem referência aos paletós do século XIX e intensificam o efeito das listras.

Terno para velejar, 1880-1890
O terno abaixo, feito entre as décadas de 1880 e 1990 para ser usado no litoral, foi inspirado nos trajes usados para velejar. O estilo informal fica por conta dos bolsos chapados e do corte da calça, que é mais larga em cima, para não prender os movimentos, e mais fina na parte inferior.

Listras neoclássicas, 1775-1785
Esta gravura de moda francesa mostra que, em 1770, as listras neoclássicas substituíram as linhas curvas e os motivos florais do estilo rococó anterior. Elas acabaram se tornando a estampa mais usada na decoração de interiores e em roupas de homens e mulheres.

As listras do críquete, 1905
O capitão Scratch foi um personagem, um jogador de críquete, criado pelo comediante J. W. Hall. O personagem veste um paletó listrado em branco e rosa sobre uma camisa branca, formando um conjunto que destoa do boné.

Moda praia

A moda praia desenvolveu-se ao longo do século XIX, quando o banho de mar passou a ser considerado bom para a saúde. A mudança cultural do banho de mar para a prática da natação criou a necessidade de roupas e tecidos adequados. A elasticidade ficou por conta das malhas, até elas serem substituídas pelas misturas de elastano, náilon e Lycra®. Várias tendências influenciaram a moda praia: o basquete, o militar e os shorts compridos usados pelos surfistas.

Maiô, 1900
Em 1900 os maiôs traziam listras, a estampa da moda, de cores vívidas. No entanto, não eram confortáveis nem feitos para nadar. O tecido usado era a lã, que, molhada, ficava pesada, além de sujeita às traças quando guardada por muito tempo.

Dolce & Gabbana, 2010
Este calção de banho demonstra a modelagem reveladora do traje de banho de 2010. Daniel Craig, ao interpretar James Bond em *Casino Royale*, lançou a tendência para esse estilo ao usar um modelo parecido em 2006, feito para ele pela Grigio Perla.

Traje de banho, 1939 (à esquerda)
Este pôster mostra como o traje de banho evoluiu nos anos 1930 para um formato que revelava mais o corpo. O homem veste uma camiseta cavada, possivelmente feita em malha de seda, com calção de flanela amarrado com cordão.

Alexander McQueen, 2005
Este traje de banho aparenta ser leve e confortável e está sintonizado com a tendência da moda militar. O short tem estampa de camuflagem combinada com um xadrezinho dos anos 1950 e é usado com um top com estampa inspirada em tatuagens.

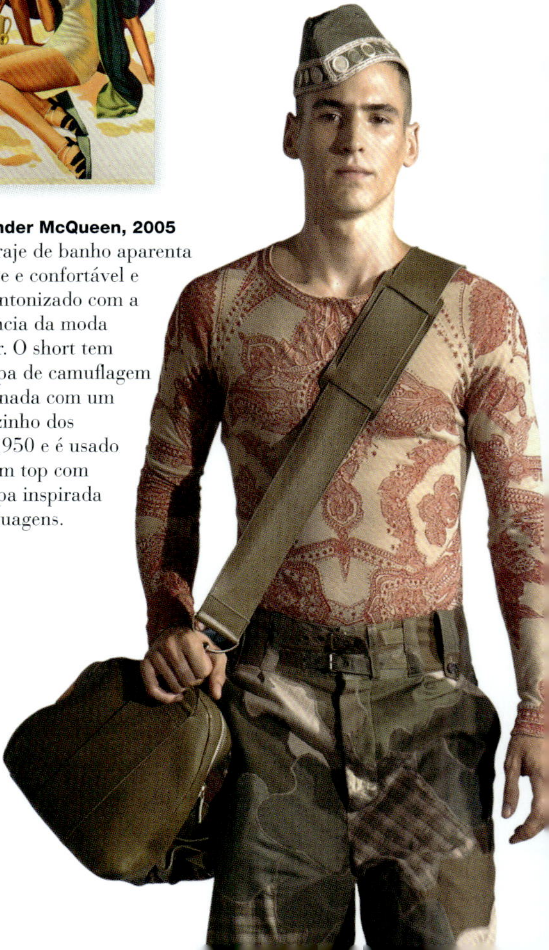

Maiô preto, 1914 (acima)
Os maiôs pretos lisos eram moda entre 1910 e 1920. O modelo tinha cavas profundas e era mais justo do que as versões anteriores. Apesar de ainda ser feito de lã, era mais adequado para a prática da natação.

Roupa íntima

No século XIX, as ceroulas e as camisas com mangas eram a norma. Em meados de 1940, as camisetas simples e sem mangas, com decote V, e as cuecas samba-canção já eram comercializadas. Desde então, tanto os trajes tradicionais quanto os novos modelos, feitos de tecidos modernos e com mais elasticidade, têm sido produzidos. Tecidos luxuosos, como a seda e o algodão de alta qualidade, tornaram-se marca registrada de algumas grifes. Nos anos 1990, a Calvin Klein inseriu a etiqueta da marca e promoveu a roupa íntima masculina como um produto desejável e essencial.

Espartilho, 1823
Esta ilustração de um elegante cavalheiro mostra que os homens às vezes recorriam ao espartilho para alcançar a forma ideal. Mas, desde a década de 1980, eles têm optado mais por frequentar as academias de ginástica para manter a forma.

John Smedley, 2010
Esta marca inglesa tem uma longa tradição na produção de roupas íntimas de luxo. A versão contemporânea da ceroula e da camiseta mostrada na foto foi confeccionada na Inglaterra em algodão Sea Island, numa demonstração de que ainda existe mercado para a roupa íntima masculina tradicional.

Ceroula, cerca de 1900
Esta ceroula comprida foi confeccionada em malha de seda industrializada, que era muito usada para o feitio de roupas íntimas de alta qualidade no século XIX. Ela se ajustava bem ao corpo e não era volumosa, por isso não estragava a aparência final do terno.

Camiseta, cerca de 1900
Esta camiseta de seda foi elaborada na cor mais comum para roupas íntimas, o branco liso. A seda era mais usada no verão, por ser fresca e leve. A camiseta tem acabamento de seda no decote e botões de pérolas verdadeiras.

Calvin Klein
As boxers de algodão com stretch da Clavin Klein, com as iniciais CK na tira elástica, elevaram a roupa íntima masculina ao *status* de moda de luxo. As propagandas da grife também promoveram a tendência de deixar a faixa elástica para fora da calça.

Esporte e underwear femininos

Introdução

No final do século XIX, as mulheres ainda usavam espartilhos e vestidos longos, apesar de já praticarem esportes. O ciclismo ajudou a tornar a calça comprida aceitável, e, depois da Primeira Guerra Mundial, essa peça era usada para cavalgar e esquiar. Materiais modernos mais leves e tecidos com elasticidade têm produzido peças que não restringem os movimentos e são inspiradas nas roupas de balé e esportivas.

Roupa íntima, década de 1950
O formato escultural deste vestido de seda bordada de Pierre Balmain é alcançado por causa da estrutura oferecida pela roupa de baixo. A combinação tomara que caia tem o corpete estruturado por barbatanas, e muitas camadas de malha conferem volume à saia.

Estilo hip hop, 1994
Karl Lagerfeld desenhou para a Chanel este modelo inspirado no estilo *hip hop*. Ele traz um short jeans baggy e suspensórios com a logomarca da Chanel, usados com top de Lycra® curto composto de duas peças.

MININO

Moda verão, 1953 (à esquerda)
Esta fotografia mostra como as roupas esportivas se tornaram mais leves e justas nos anos 1950. A modelo Pat Goddard veste uma calça capri e camisa amarrada que revela parte da barriga.

Praiana, 1905
Este vestido de algodão listrado era um típico traje leve muito usado no litoral ou para velejar. Note o esquema de cores das listras brancas e azuis.

Short, 2010 (à direita)
O short evoluiu do estilo culote usado para jogar tênis, dos trajes de banho da década de 1930 e das hotpants dos anos 1970. Este modelo de Jean-Charles Castelbajac tem as pernas e o cós baixo das calças contemporâneas.

Roupas esportivas

No século XIX, os trajes femininos para a prática de esportes eram, basicamente, releituras das roupas masculinas. Entretanto, nos anos 1920, estrelas do tênis, em especial Suzanne Lenglen, ajudaram a promover um estilo diferente, e criadores como Lanvin e Patou abriram espaço para a moda esportiva. Por volta de 1960, os vestidos curtos em formato A deram liberdade ao corpo; os estilistas, inclusive Mary Quant, levavam em conta não só o estilo como também o conforto. O jérsei, a sarja, a Lycra® e outros tecidos caracterizados pela praticidade têm sido usados nas coleções da alta moda.

Traje para esquiar, 1929
Este conjunto Burberry mostra como a calça comprida era popular nos anos 1920 para esquiar. A jaqueta foi inspirada nos uniformes usados pelo British Land Girls – o Exército feminino britânico – durante a Segunda Guerra Mundial.

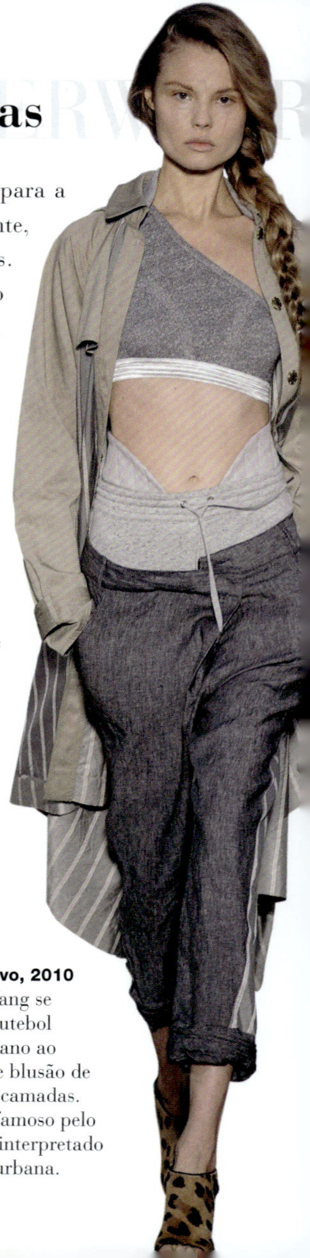

Traje esportivo, 2010
Alexander Wang se inspirou no futebol norte-americano ao desenhar este blusão de moletom em camadas. O estilista é famoso pelo estilo casual interpretado como moda urbana.

Golfe, 1908 (à esquerda)
Trajes esportivos de uso diário, feitos sob medida, baseavam-se nas roupas masculinas. Este paletó de tweed com enfeites em couro tem as características tiras frontais e o cinto que indica ser derivado das jaquetas Norfolk masculinas.

Equitação, década de 1790 (abaixo)
O traje de montaria do século XVIII consistia em uma saia feminina convencional combinada com uma jaqueta masculina e colete. Aqui podemos ver o colarinho alto, as lapelas e os botões dourados emprestados da alfaiataria masculina.

Jeans, anos 1990
A DJ Slamma, que usou a roupa da foto acima, afirma que suas escolhas são guiadas pelo desejo de parecer sexy e, ao mesmo, pelo conforto e pelo estilo casual. O início da tendência de deixar a roupa íntima à mostra pode ser visto aqui.

Moda praia

Conjunto marinheiro, 1930
Este conjunto sem mangas azul e branco, feito em crepe da china, tem calça larga muito em voga nos anos 1930. A pala larga da calça combina com a gola longa das costas.

Desde o século XIX as roupas de verão têm sido confeccionadas em linhos leves, algodões e sedas, sempre em cores claras. O estilo marinheiro popularizou-se após 1846, quando o então príncipe de Gales, na época com 4 anos de idade, foi retratado por Winterhalter usando um traje inspirado no uniforme da tripulação do iate real. Desde que o hábito de tirar férias se tornou comum, os lançamentos da moda verão acabam sempre retomando o tema, com referências a passatempos da estação, como o jogo de tênis.

Vestidos de verão, 1963 (acima)
O críquete, sempre associado ao verão britânico e à cor branca, adaptou-se facilmente aos vestidos da moda. Esta fotografia, tirada por John French, mostra variações sobre o tema, com vestidos tubinhos com listras marcando os decotes V.

Sonia Rykiel, 2007 (à direita)
Este vestido listrado azul-marinho e branco tem as cores e o tema dos trajes de marinheiro. O acentuado decote redondo é parecido com o de uma camiseta de nadar, mas os bolsos e o laço enfeitam e dão um toque de humor, que faz parte do estilo de Rykiel.

Vestido marinheiro, 1872 (acima)
A bainha um pouco acima do tornozelo indica que este vestido de algodão e linho levou em conta a praticidade, para poder ser usado em caminhadas na praia. Pensou-se também no conforto: mesmo que provavelmente tenha sido usado sobre um espartilho, o corpo não é forrado.

Vestido de musselina, 1869
A fina musselina de algodão, muito leve e transparente, tornava-se ideal para o verão. O formato elaborado usado sobre anquinhas era moda nos anos 1860, apesar de a cauda não ser nada prática para um vestido de passeio.

Trajes de banho

Entre 1900 e 1950, os trajes de banho evoluíram do enorme conjunto de lã, que ocultava as formas, para uma roupa de algodão ou náilon que mostrava mais o corpo. Os estilistas franceses Louis Réard e Jacques Heim criaram versões "rivais" de maiô de duas peças. A criação de Réard, chamada de biquíni, teve o impacto de uma bomba (o atol de Bikini, no Pacífico, foi onde se realizou uma explosão nuclear em 1946), mas acabou se popularizando graças às estrelas de cinema nos anos 1950. Desde então, o biquíni ganhou um design mais esportivo e inovações como a roupa de banho *tan-through*, que permite um bronzeamento sem "marquinhas".

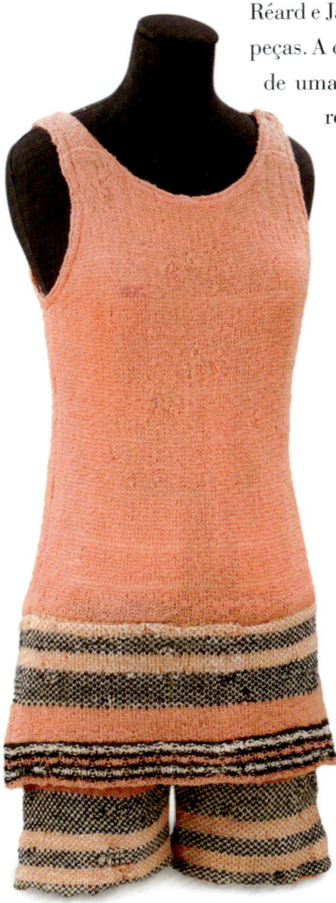

Maiô, 1936-1940 (à direita)
Antes da adoção do náilon, uma alternativa para a lã na confecção de trajes de banho, na década de 1930, foi o algodão. As tiras franzidas nas laterais proporcionavam certa elasticidade, além de enfeitar o modelo.

Conjunto de banho, 1924
Chanel desenhou este traje de banho tricotado em rosa, e ele foi usado como fantasia no balé moderno de Diaghilev *Le train bleu*. Assim como os trajes de banho masculinos da época, ele tem o corte enxuto, mas foi confeccionado em tecido de lã grossa e volumosa.

Dolce & Gabbana, 2010
Estampas de peles de animal têm sido uma tendência recorrente na moda desde os anos 1930. Esta versão moderna em tecido stretch sintético foi usada para criar um maiô enxuto, com estilo inspirado na década de 1950 e nos modernos collants de balé.

Biquíni, 1953
Brigitte Bardot popularizou o biquíni após a sua aparição na praia de Cannes, em 1953. O traje de banho de duas peças, composto de sutiã e dois triângulos, causou espanto, pois pela primeira vez o umbigo foi exposto.

Banho de mar, 1900
Nesta fotografia fica claro que o objetivo de entrar no mar é tomar banho e não nadar. O traje foi feito de acordo com a moda da época e cumpre o propósito de esconder o corpo, em um estilo solto e confortável.

Estruturas e armações

As estruturas eram usadas para conferir um formato especial aos trajes. À medida que a vida das mulheres foi se tornando mais ativa, elas foram deixando de usar os modelos exagerados do passado, exceto em ocasiões especiais como casamentos, bailes e eventos de tapete vermelho. Os espartilhos evoluíram dos modelos duros e amarrados firmemente com cordões, do período medieval, e dos corpetes rijos usados no final do século XV. Materiais duros como barbatana de baleia foram substituídos por aço e plástico, a fim de criar estruturas mais leves e confortáveis.

Crinolina, 1860
Esta crinolina tem uma armação composta de aros de aço flexível, unidos por tiras verticais de lã. É uma estrutura leve, maleável e durável, e de produção barata.

Panniers, 1778 (à direita)
Essas armações largas do século XVIII variavam do tamanho da circunferência à largura frontal, como neste modelo. Para ficar firme como um espartilho, o pannier era feito de linho com barbatana de baleia ou bambu, para formar os arcos.

Espartilho, 1820
Em 1820, a silhueta da moda era estreita, vertical, neoclássica. O espartilho reflete esse ideal na cintura alongada, no busto erguido e nas longas tiras de barbatana de baleia que desciam na frente.

Espartilho, década 1950 (abaixo)
Os anos 1950 viram o retorno da forma ampulheta, mas o espartilho abaixo mostra como materiais com elasticidade, incluindo o náilon, substituíram a barbatana de baleia e o aço. As cintas-ligas agora seguravam as meias, em vez das jarreteiras.

Espartilho, 1864
Foram usadas seda azul, renda e barbatana de baleia na confecção deste espartilho. Para alcançar as formas curvilíneas da moda, havia cordões atrás para ajustar. Nos anos 1940, Hartnell e Dior inspiraram-se neste formato.

Lingeries

No final do século XIX, a roupa íntima consistia em uma chemise ou um corpete, ceroulas, anáguas e espartilho. Os sutiãs surgiram em torno de 1900, mas não foram muito usados até os anos 1920, quando começaram a ser feitas taças de diferentes tamanhos. Desde a década de 1980, novos tecidos com stretch e os utilizados na confecção de roupas de balé vêm possibilitando a criação de peças mais simples e com estruturas que corrigem as formas. O uso de sedas coloridas com rendas conferiu uma imagem sensual à lingerie, transformando-a, em certas ocasiões, de um item funcional a roupa para ser mostrada sem nenhum pudor.

Modelador, 1956
O modelador, feito de elástico com barbatana, foi criado em Paris, nos anos 1940. Ele afinava a cintura, para moldar o corpo. Era usado sobre um corpete, parecido com o original do século XIX, enfatizando essa retomada da moda.

Roupa íntima, 1835
Este traje é formado por chemise, ceroulas e espartilho. As ceroulas foram introduzidas em 1790, quando os vestidos justos em estilo neoclássico, feitos em tecidos finos, entraram na moda, exigindo maior decoro nas roupas de baixo.

Bustiê, 1957
O então novíssimo náilon colorido e as barras elásticas compõem este conjunto da Berlei, que é leve e, ao mesmo tempo, funcional. Entretanto, a barbatana e o arame ainda foram usados para produzir a silhueta desejada, e os colchetes de gancho requeriam ajuda para serem fechados.

Cetim preto, 1942 (à direita)
Esta fotografia mostra a combinação sensual do cetim preto e da renda do sutiã, da calcinha e do saiote, uma alternativa aos tons mais práticos (o branco e o bege).

Agent Provocateur, 1997
Modelos inspirados nas lingeries usadas nos anos 1950 pelas estrelas do cinema e *pin-ups* são a marca registrada desta etiqueta. O conjunto de sutiã e cinta-liga tem o painel central decorativo, e a combinação de preto fazendo sombra sobre o rosa-claro ao fundo é típica dos anos 1950.

Acessórios masculinos

Introdução

Plastrom, 1954
O ator Cary Grant aparece aqui em uma cena do filme *Ladrão de casaca*, rodado no sul da França, perto de Cannes. Ele veste roupas casuais de verão, com o colarinho da camisa aberta e, em vez de uma gravata mais formal, um plastrom.

As mudanças pelas quais passaram os acessórios masculinos refletiram não só a tendência a um modo de se vestir mais informal como também os próprios caprichos da moda. Tradições que requeriam trajes respeitáveis compostos de chapéu, luvas e bengala foram abolidas quando os estilos jovens dominaram os anos 1960. Entretanto, sempre houve uma camada da alta sociedade que conservasse as regras do vestuário, usando os acessórios "corretos", e alguns estilistas resolveram reinterpretar os estilos tradicionais para uma nova geração.

Smoking cap, 1870
Este gorro de feltro bordado é forrado com matelassê, para proporcionar mais conforto. A peça era usada com um smoking para fumar, ou em reuniões informais, em casa, e tinha como função impedir que os cabelos ficassem com cheiro de fumaça.

Traje diurno formal, 1924
O barão Rothschild veste um tipo de traje diurno formal, que mudou muito pouco desde o final do século XIX. O barão usa uma camisa com colarinho destacável engomado, dobrado para baixo com uma gravata de seda e alfinete próprio, além do lenço no bolso.

Gravata, década de 1890
O ilustrador Aubrey Beardsley veste um traje diurno formal com a gravata que era moda no final do século XIX. A gravata-borboleta de seda preta está amarrada sobre uma camisa branca com colarinho destacável engomado.

Fedora, 2010
A coleção outono/inverno da Bottega Veneta tinha como tema a década de 1950, época em que o chapéu fedora era muito usado tanto no verão quanto no inverno. As versões para o verão eram feitas em palha, e as de inverno, em feltro. O estilo inverno usa um tipo de feltro acetinado e felpudo.

Botas

Entre o final do século XVIII e a década de 1830, as botas de cano alto eram usadas no dia a dia. Uma ampla variedade de estilos surgiu, e muitas botas tradicionais datam desse período. Os estilos dos trajes para a prática de esportes no campo e de inspiração militar eram tão populares quanto as botas de cano longo acima dos joelhos, chamadas de Wellington (em homenagem ao duque de Wellington). As botas ficaram mais curtas quando as calças evoluíram para formatos mais soltos. O acessório ressurgiu nos anos 1950, e desde então as botas estão ligadas a um estilo jovem e esportivo e aos uniformes de trabalho.

Verniz, 1967
Pierre Cardin desenhou estas botas como parte de um conjunto de calça com túnica e cinto que ele chamou de Cosmos. A calça justa de jérsei tem as barras presas dentro das botas, para que os círculos de couro envernizado fossem realçados e assim combinassem com o cinto, também de verniz.

Motociclista, 2010
Estas botas de cano alto da Bottega Veneta têm o visual carregado dos calçados protetores usados pelos motociclistas. Entretanto, o leve brilho torna-as uma extensão da calça de couro, que confere ao conjunto um visual urbano.

Top boots, década de 1840 (abaixo)
No final do século XVIII e início do XIX, estas botas eram usadas diariamente, mas, por volta de 1830, elas foram reservadas exclusivamente para a prática de esportes. O nome deriva da parte de cima virada para fora, que exibe um tom de couro mais claro.

Roupa de trabalho, 2010 (à direita)
O modelo cinza desgastado da Dolce & Gabbana resulta de uma combinação de estilos: mistura as botas com aba virada com as botas de amarrar usadas pelos trabalhadores do século XIX e que tinham o cano até o tornozelo.

Botas de cano curto, 1880 (à esquerda)
Por volta de 1830, as botas de cano curto substituíram as de cano longo com aba virada no uso diário, e eram usadas sob a barra da calça. Este par é feito de couro envernizado e tecido, e fechado com botões de madrepérola. Este modelo de bota também foi adaptado para as mulheres.

Sapatos

Fivelas, 1830
Os sapatos de couro com fivelas douradas já não mais estavam na moda por volta de 1830, mas ainda eram usados com trajes formais na Corte. Nessas ocasiões, os homens os combinavam com culotes e meias de seda, que realçavam as pernas.

No século XVIII, os sapatos eram usados com os culotes, mas, no início do século XIX, passaram a ser calçados apenas com trajes de noite (as botas eram usadas durante o dia). Gradualmente, a calça foi substituindo os culotes, e os sapatos, as botas de cano alto. No século XX, havia uma vasta variedade de modelos de amarrar, com diversos materiais, sendo usados no verão, no inverno e na moda esportiva. Uma evolução ditada pelo conforto conduziu ao sapato sem laço nos anos 1940. Hoje, os estilistas sempre fazem referência aos estilos de época e tradicionais em seus calçados.

Oxford, 1945 (à direita)
Os sapatos Oxford começaram a ser vendidos em 1910, aproximadamente, e viraram um clássico usado durante o dia e com trajes formais. O modelo tem abas de amarração, com uma biqueira característica que pode, como a da foto ao lado, contar com um enfeite discreto.

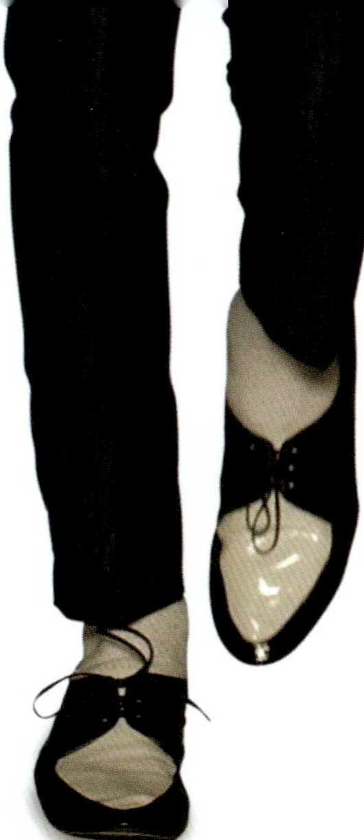

Sandálias, 2006
As sandálias foram ressuscitadas como calçado moderno dentro do tema gladiador. O par preto de cano alto, de Raf Simons, destaca-se com a roupa branca do modelo.

Bicolores, 2006 (acima)
Por volta de 1915, os sapatos bicolores – conhecidos em inglês como *correspondent* – eram muito usados na moda férias. Este modelo de bico fino, sem ponteira, conta com o contraste do preto e do branco para alongar os pés e realçar a calça de boca fina.

Loafer, 1945
Este sapato casual, originário da Noruega, fez muito sucesso na Europa e nos Estados Unidos nos anos 1940 por ser muito confortável. No inverno de 1993, o estilista Patrick Cox ressuscitou o estilo tradicional e o colocou no mundo da alta-costura.

Chapéus

Pork pie, 1950
O cantor e compositor Johnnie Ray está usando o chapéu pork pie, associado ao jazz e ao ritmo swing nos anos 1950. O modelo era parecido, no tamanho, com o fedora, porém com copa mais baixa e achatada.

Até o final dos anos 1960, os chapéus faziam parte do estilo tradicional de se vestir. Muitos modelos usados na primeira metade do século XX tiveram origem em 1800, como a cartola e o chapéu-coco. Alguns acabaram sendo associados a certos grupos: o chapéu-coco, ao nobre inglês dos anos 1950, e a boina de tecido, à classe trabalhadora da década de 1930. Desde os anos 1950, os modernos acessórios para proteger a cabeça são associados aos esportes, à música e a releituras dos estilos tradicionais.

Chapéu-coco, 1958
O clarinetista Acker Bilk usa o chapéu que virou sua marca registrada. O tradicional modelo de copa arredondada, firmado com goma-laca, foi criado em 1850 por Thomas e William Bowler para a guarda-caça de William Coke. (Em inglês, o chapéu-coco é chamado de bowler.) Não demorou muito para o modelo passar a ser usado na cidade.

Fedora, 1960
Era conhecido o apreço que Bing Crosby tinha por chapéus diferentes. Nesta fotografia, o ator e cantor usa um tipo de fedora mais estreito. O chapéu tem a copa achatada, e a aba é virada para baixo.

Boina Dolce & Gabbana, 2010
A boina achatada teve origem nos tempos medievais, mas costuma ser associada ao século XIX, quando os homens de todas as classes sociais a usavam – a diferença estava no tecido. As boinas de tweed eram adotadas pela classe alta para a prática de esportes, nos anos 1920.

Boné de beisebol, 1988
Este boné de beisebol foi usado junto com uma roupa representando o estilo bad boy. A confecção é da Four Star General, marca de roupas hip-hop. Aqui, o tradicional boné esportivo faz parte de um visual estilo consciência negra.

Colarinhos

Stock e plastrom, 1805
O retrato do coronel Cuppage mostra os acessórios brancos ao redor do pescoço usados na época. As extremidades da camisa estão completamente ocultas pelo stock e pelo plastrom, amarrado em um laço modesto; abaixo, aparece o babado da camisa.

As mudanças nos colarinhos estão relacionadas às evoluções da camisa, do colete e do paletó, todos emoldurando o rosto e o pescoço. No início do século XIX, o lançador de tendências Beau Brummell promoveu o uso do colarinho de linho branco e engomado em uma variedade de estilos. Ao longo do século XX, os intrincados lenços usados ao redor do pescoço foram reduzidos a uma gravata estreita, que permite ao usuário a opção de exibir uma escolha pessoal de cor e estampa.

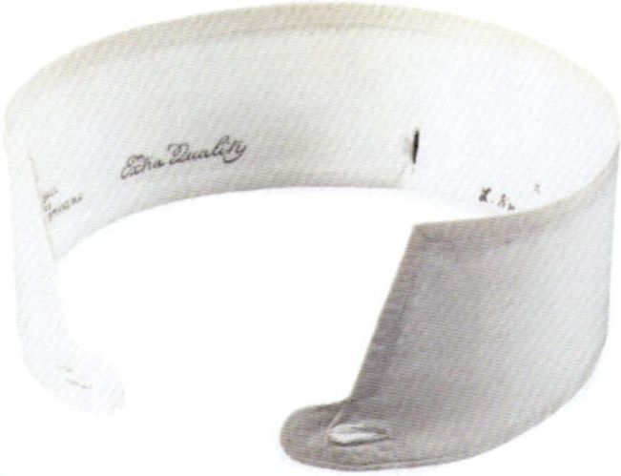

Colarinho, 1890
Os colarinhos destacáveis foram usados a partir da década de 1820, e este do tipo erguido atingiu sua altura máxima durante os anos 1890. O colarinho feito de linho engomado é preso à camisa por botões na frente e atrás.

Gravata branca, década de 1930
Fred Astaire usa a gravata-borboleta branca e o colarinho virado que completam o traje de noite formal. As gravatas-borboleta brancas eram feitas do mesmo piquê de algodão usado na pala sobre o peito da camisa e do colete.

Cachecol, 2010
Os cachecóis, ou echarpes, eram uma peça essencial do guarda-roupa masculino no início do século XX. Esta elegante echarpe de seda Ferragamo faz referência a essa tradição e é colocada de modo que exiba o tecido luxuoso e as franjas de seda.

Gravata, 1960
O cantor francês Johnny Hallyday está vestido de acordo com o estilo minimalista dos anos 1950 e do início dos 1960. Ele usa uma gravata fina da moda, com o nó simples do século XIX.

ACESSÓRIOS FEMININOS

Acessórios femininos

Introdução

A variedade de acessórios para mulheres cresceu a partir do final do século XVIII. Alguns itens, como os leques e as sombrinhas, deixaram completamente de ser usados durante o século XX, enquanto outros, como os chapéus, ficaram restritos a ocasiões especiais. Com a adoção de um estilo menos formal de se vestir nos anos 1960, as regras que ditavam quais acessórios usar para parecer respeitável relaxaram. Desde a década de 1980, os estilistas têm dirigido seu foco para bolsas e calçados, que estampam as suas marcas.

Dior, 1955
Esta fotografia tirada por John French mostra um traje de dia que conta com acessórios formais – de acordo com os padrões dos anos 1950 –, como a carteira, as luvas e o chapéu.

Bolsa de marca, 2010
Esta bolsa de couro exibe o monograma da marca e a estampa Louis Vuitton, mas ganha uma linha mais atual com o tema da coleção verão de Marc Jacobs, cujo foco é a viajante da nova era. Conta também com detalhes ciganos que incluem contas e pingentes.

Chapéu de palha, 2010 (abaixo)
A modelo Angelina B usa um chapéu de palha de trama aberta Antonio Marras, com flores de seda que combinam com a cor do vestido. O chapéu florido com abas largas completa o tema nostalgia e inocência, inspirado nos filmes italianos antigos.

Botas, 2010
A coleção verão de Isabel Marant exibiu um estilo informal, baseado no tema viajante cigana. O visual com pernas à mostra é realçado pelas botas pretas com franjas, que foram apresentadas para a moda verão.

Sapatos plataforma, 1972
Biba era famosa pelos modelos inspirados no passado e pela multiplicidade de cores, como o azul acetinado acima. A *art déco* e os anos 1930 em Hollywood inspiraram as listras diagonais, enfeitadas com contas e diamantes, que cobrem o salto alto da plataforma.

Bolsas

Bolsa Kelly, 1956
A bolsa Hermès com o inconfundível formato e o fecho horizontal é de 1935, mas acabou sendo rebatizada quando Grace Kelly se tornou princesa de Mônaco e foi fotografada com o acessório, em 1956.

No século XVIII, aplicava-se um par de bolsos sob as saias rodadas da época para guardar itens pequenos, como lencinhos. A alternativa era um saco simples com cordão, utilizado para trabalhos manuais. À medida que os vestidos foram se tornando mais justos, no início do século XIX, tornou-se mais prático carregar uma bolsinha chamada retícula, a antepassada da bolsa moderna. Durante os anos 1950, muitas marcas da moda criaram bolsas *signature* distintas no formato, nas cores e nos enfeites.

Judith Leiber, 1983
Leiber é famosa por suas bolsas de mão para noite, feitas em edições colecionáveis altamente limitadas, como a bolsinha Cupcake usada no filme *Sex and the city*. A bolsa Egg é basicamente uma caixinha de joias e vem acompanhada de porta-moedas, espelho e pente.

Moschino, 1996 (à esquerda)
Moschino lançou sua marca em 1983, com sua abordagem característica que se reflete em um estilo provocativo e bem-humorado. Esta bolsa, altamente cobiçada, tem formato clássico, mas conta com o motivo surreal do luxuoso chocolate derretendo.

Bolsa Gucci, 1969 (abaixo)
Guccio Gucci iniciou seu negócio em torno de 1906, fabricando artigos de couro em Florença. Por volta de 1920, malas e bolsas também já estavam sendo produzidas. Esta bolsa tem as cores e detalhes em "estribos e freios", típicos do estilo da casa na década de 1960.

Bolsa Chanel 2.55, 2010
Esta bolsa de verão é uma versão da famosa peça desenhada originalmente por Chanel em fevereiro de 1955 e conhecida como bolsa 2.55. As características inconfundíveis são a alça de corrente dourada e a textura em matelassê.

Salto stiletto

O termo stiletto deriva de um tipo de punhal de lâmina fina e foi usado pela primeira vez nos anos 1950 para descrever os sapatos que tinham o salto fino, com apenas 5 mm de diâmetro. Uma haste de metal dentro do salto viabilizou a produção dessa peça. Os sapatos de salto stiletto, ou agulha, vêm gerando grande entusiasmo e boas vendas para as grifes de sapatos nos últimos anos; os mais altos, com 12 cm a 15 cm, são os produzidos por estilistas como Christian Louboutin, Manolo Blahnik, Jimmy Choo e Pierre Hardy.

Sapato Maria Antonieta, 2009
O salto deste sapato plataforma, com a sola vermelha que é a marca registrada de Christian Louboutin, mede 16 cm de altura. Ele faz parte da edição limitada produzida com o bordado da casa Lesage. O modelo inspirado em Maria Antonieta, cujo retrato está na parte da frente da tira do tornozelo, é enfeitado com fitas iguais às dos corpetes do século XVIII.

Salto agulha, década de 1990
A criação de Manolo Blahnik combina o salto agulha dos anos 1950 com recorte moderno na frente. A parte de cima é coberta por um brocado de seda, inspirado nos modelos do século XVIII.

Sapato de noite, década de 1960
Desenhado por Roger Vivier para a Dior, este modelo de noite tem um salto agulha clássico de 10 cm. O século XVIII inspirou os enfeites de contas, fios e prata que cobrem o sapato e param logo acima do início do salto. A peça ganha ainda mais realce com a sola preta envernizada.

Sapato Pirelli, década de 1980
É atribuída a Manolo Blahnik a ressurreição do salto agulha nos anos 1980. O couro com estampa de marcas de pneus neste modelo faz a conexão entre o poder sensual da alta velocidade e os saltos altos e finos.

O stiletto original
A produção em grande escala (em oposição ao fetiche) do salto agulha teve origem no início dos anos 1950 e acredita-se que tenha sido iniciada pelo estilista francês Roger Vivier – apesar de alguns dizerem que as vendas tenham começado na Itália. Este exemplar, de 1954, é um sapato de noite feito de seda com ponta cinzelada, forrado de tule na parte de cima e no salto.

Saltos altos e baixos

Até o século XIX, os sapatos constituíam o principal modelo de calçado para as mulheres, e, quando as ruas ficavam enlameadas, havia um motivo prático para usar os de salto alto. Outros fatores levaram ao avanço nas técnicas de produção de materiais e feitio, além da associação com o *status* e a moda. Quando a barra das saias subiu, as atenções se voltaram para os tornozelos e os pés. Os estilistas procuram inspiração na praticidade, nas fontes históricas e na busca por inovação. Recentemente, os sapatos fashion tornaram-se ainda mais cobiçados que as bolsas.

Plataforma, 1938
Ferragamo trabalhou em Hollywood e, depois, em Florença, em 1927, desenhando sapatos para diversas estrelas do cinema. O estilista criou modelos modernos e criativos, incluindo o tipo de salto ao lado, de cortiça e forrado com camurça.

Sapatilha de cetim, década de 1830
Estes sapatos brilhantes provavelmente foram usados com uma saia de comprimento na altura dos tornozelos, que chamava a atenção para os pés. Os sapatos de seda sem salto só podiam ser usados dentro de casa ou em ocasiões especiais, uma vez que eram muito frágeis.

Roger Vivier, 1961
Um dos sapatos mais associados à marca Roger Vivier é o de salto baixo com fivelas mostrado na foto, de 1965, desenhado por Yves Saint Laurent e usado por Jackie Kennedy. O par foi o precursor do modelo.

Chopines, 1600
As chopines eram uma espécie de tamanco de salto muito alto e foram inicialmente usadas em Veneza pelas cortesãs e aristocratas que acompanhavam a moda. O da foto tem um modesto salto de 20 cm de altura, feito de madeira de pinho forrada com couro e decorada com desenhos formados por furinhos.

Clogs, 2010
Este modelo Chanel tem salto alto e grosso, com plataforma inspirada nos anos 1970. A fivela de enfeite remete ao século XVIII e lembra a fase campestre de Maria Antonieta, que foi tema da coleção de Lagerfeld.

Botas

No século XIX, as botas de cano baixo, inspiradas nos modelos masculinos, viraram moda entre as mulheres. Rendas e botões acabaram sendo substituídos por tiras laterais de elástico, que as tornavam mais fáceis de calçar. Após 1850, passaram a ser utilizadas fôrmas diferentes para o pé esquerdo e o direito, o que proporcionou maior conforto. Nos anos 1960, época em que as saias estavam mais curtas, as botas de cano alto eram usadas a fim de chamar a atenção para as pernas expostas.

Cano baixo, 1965
Courrèges inspirou-se nas viagens espaciais e na juventude quando desenhou esta bota de cano curto, para ser usada com minissaias ou calça de pernas justas. O cano estreito era fechado por um zíper atrás e tira de velcro.

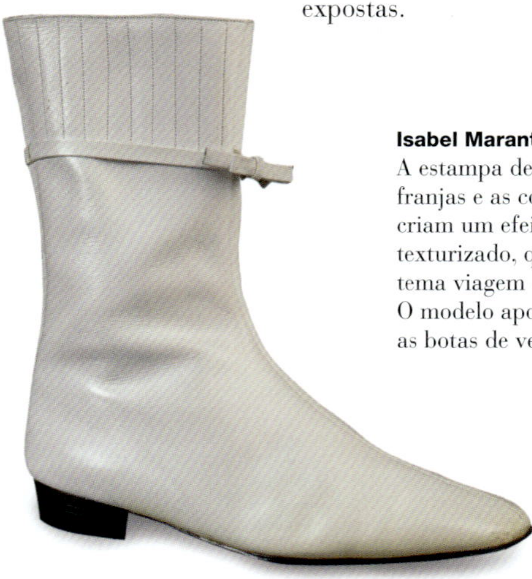

Isabel Marant, 2010
A estampa de camuflagem, as franjas e as correntes prateadas criam um efeito altamente texturizado, que está ligado ao tema viagem que inspirou Marant. O modelo aponta a tendência para as botas de verão.

Botas de casamento, 1865
Botas de cano baixo, sem salto e com tiras elásticas nas laterais, eram muito usadas no dia a dia em meados do século XIX. As rosetas de seda constituíam um enfeite extra para noite ou, como no modelo da foto acima, para uma ocasião como um casamento (ver p. 93).

Bota de cano curto, cerca de 1812
Este modelo de cano curto, amarrado na frente e confeccionado em um resistente jeans listrado, era uma alternativa barata ao couro. A bota tem um pequeno salto com sola de couro, o que a tornava prática para ser usada durante o dia e fora de casa.

Botas de cano alto, 1966-1969
Este par Pierre Cardin foi feito em PVC envernizado, mas, para se tornar mais confortável, recebeu forro de tecido e zíperes laterais nos tornozelos. As botas de cano alto eram usadas com minissaias e viraram moda impulsionadas pela série de TV britânica *Os vingadores*.

Xales e lenços

Os tecidos ao redor da cabeça, do pescoço e do corpo são uma antiga estratégia utilizada para aquecer e também para exibir lãs finas, sedas e peles. O xale de cashmere (ou caxemira) indiano, feito de pelo de cabra, era um acessório caríssimo em meados de 1720 e voltou à moda com a febre da pashmina nos anos 1990. Desde 1950, estrelas do cinema, como Audrey Hepburn e Marilyn Monroe, são fotografadas usando lenços e estolas, o que ajuda a conferir uma imagem de glamour e sofisticação a esses itens.

Xale de seda, 1800-1811
Este xale é uma imitação inglesa de um caxemira. O modelo, com centro liso e barrado bordado, guarda bastante semelhança com os originais indianos, mas o motivo de campânula, em vez de pinhas, é europeu.

Adèle Astaire, década de 1920
Tecidos exóticos em lamê dourado ou prateado conferiram uma rica textura à moda simples dos anos 1920. Turbantes e tecidos dobrados para criar uma faixa, como aqui, remetem ao formato do chapéu cloche e aos penteados cacheados.

Lenço de cabeça, década de 1960
Jean Shrimpton usa um lenço de cabeça ao estilo minimalista, que não cobre o pescoço. A estampa de margaridas e o tamanho pequeno estão ligados ao frescor e à juventude da moda dos anos 1960.

Estola de pele, década de 1950
As estolas de pele fizeram muito sucesso nos anos 1950. Usado com vestido de noite justo, o acessório era associado às estrelas do cinema, ao tapete vermelho e ao glamour. As estolas geralmente eram feitas de pele de raposa, marta e de vários outros animais.

Lenço Hermès, 2008
Os lenços Hermès, que se tornaram itens de colecionador, foram a inspiração para este maiô e o xale de seda esvoaçante desenhados por Jean-Paul Gaultier. A posição e o tipo do desenho sobre o tecido de seda quadrado identificam a peça como uma Hermès.

Chapéus

Há uma longa tradição quanto ao hábito de as mulheres cobrirem a cabeça – tanto dentro quanto fora de casa – para passar uma imagem de respeito. Os chapéus utilizados fora de casa foram criados em parte com a finalidade de proteger, mas também como um acessório da moda. Palha e outras fibras semelhantes têm sido usadas na confecção de chapéus para o verão. O formato é sempre ditado pela função, como proteger o rosto do sol, mas também para chamar a atenção para o rosto ou o pescoço.

Palha negra, cerca de 1910 (abaixo)
O tamanho deste chapéu, feito por Henry, reflete os penteados enormes da época. Longos alfinetes prendiam o chapéu sobre o cabelo. Este é adornado com flores artificiais púrpura, para combinar com o nome da dona, Heather ("urze", em português, planta cujas flores têm o mesmo tom violáceo).

Kenzo, 2006
Dentro do tema Little Bo Peep, Lily Cole usa um chapéu de palha no estilo do século XVIII, com um vestido totalmente inspirado nos anos 1970. Sem enfeites, tem a copa pronunciada, com fitas pretas prendendo-o em um ângulo vivaz.

Elsa Schiaparelli, 1938 (abaixo)
Esta versão usável de Schiaparelli do chapéu simples, da coleção Pagan, reflete sua preferência por imagens surrealistas. O chapéu de capim trançado tem moscas em tons de rosa e verde metálicos, e besouros que parecem passear sobre a superfície.

Chapéu de palha, 1760
O formato arredondado deste chapéu de palha é típico dos modelos usados durante o dia, em meados de 1730, por mulheres da classe trabalhadora. Entretanto, o enfeite aqui, em palha trançada e seca, indica que o chapéu deve ter sido um acessório fashion.

Otto Lucas, 1954
Palha preta, seca e trançada cria as curvas deste chapéu, que se queda para a frente e é erguido atrás, de modo que o faz se assemelhar muito aos chapéus do século XVIII. O foco das atenções é voltado para a parte de trás do pescoço.

Introdução

Tanto para os homens quanto para as mulheres, as joias são um reflexo das mudanças na moda, bem como da evolução técnica e cultural. Mas, como os materiais utilizados são mais duráveis do que os têxteis, esses itens são passados de uma geração para outra. Pedras preciosas podem ser facilmente restauradas e trocadas, com a finalidade de a peça expressar a estética da época. Uma das grandes mudanças no mercado de joias consistiu na aceitação e na crescente valorização das peças customizadas e dos designs conceituais, que nem sempre utilizam materiais caros e preciosos.

Joia customizada, 1938
Pinhas douradas como motivos decorativos, com fitas de seda e veludo, refletem o tema de objetos da natureza, presente em toda a coleção Pagan, de Schiaparelli. A proposta demonstra o interesse de Schiaparelli pelo surrealismo e a importância dada ao conceito, muito mais que aos materiais preciosos.

Fivela do cinto, 1882
A senhora Luke Ionides usa um vestido estético, uma alternativa ao apertado vestido convencional. Ela segura uma corrente de contas âmbar e usa um cinto com fivela dourada decorada inspirado no entrelaçamento de motivos e na arquitetura gótica da Idade Média.

Presilha de cabelo, década de 1840
Os ornamentos de cabelo complementavam os penteados altos da década de 1830. As borboletas tornaram-se muito populares desde que os motivos da natureza viraram moda no século XVIII. Este exemplar é feito de diamantes com lapidação *rose cut*.

Pérolas, 1955 (abaixo)
Esta fotografia da princesa Margaret mostra quão bem um colar pode se destacar, quando combinado com o vestido certo. Aqui, as voltas de pérolas complementam a linha dos ombros e direcionam o olhar para o broche decorado.

Pulseira corrente, 1954 (à esquerda)
A princesa Alexandra, prima da rainha Elizabete II, usa uma pulseira corrente prateada ou dourada. O modelo, com elos grandes, reflete o interesse pelas máquinas e pelas formas mais abstratas nos anos 1920 e o uso de metal texturizado no dia a dia.

Metais

Ouro, 1400-1425
O formato de coração e o uso do ouro para criar este broche enfatizam a sua mensagem de amor precioso. A inscrição em francês, finamente gravada e traduzida como "nunca nos separaremos", fortalece a mensagem de fidelidade.

Historicamente, o ouro e a prata têm sido usados para criar joias finas, sendo trabalhados pelo mesmo joalheiro: o ourives. Enquanto o ouro sempre foi apreciado por seu tom amarelado, uma imensa variedade de metais disputa o tom branco acinzentado da prata. A platina, em particular, vem sendo usada na confecção de joias desde o final do século XIX. Ela é estimada de acordo com a sua aparência pálida e a imagem de prestígio e, devido ao alto valor de mercado, custa mais que o dobro do ouro.

Prata, 1899
A prata é um metal comercial, por ser mais barata que o ouro, mais maleável e por aceitar solda. Esta fivela de cinto, confeccionada para o departamento de joias da Liberty's Cymric, é baseada em linhas sinuosas. O processo mecânico imitou o efeito de peça martelada a mão.

Aço e prata, 2003
Hans Stofer quis que a sua imitação de corrente, chamada Punk, trouxesse uma história, ao contrário do estilo convencional. Ele utilizou aço industrial descartado sem polimento, com uma pequena placa de prata em que está escrito Lucky Devil (algo como "demônio afortunado").

Platina, 1930
Este colar de platina, com elos geométricos, pode ser usado também como um par de pulseiras. A platina é utilizada em segmentos finos, provavelmente devido a seu peso e alto valor. O metal branco age como um contraste para as esmeraldas e os diamantes.

Aço, 1810
O aço era muito usado na fabricação de todos os tipos de joias e acessórios, no final do século XVIII e no início do XIX. Nestes botões e fivelas, as facetas brilhantes e polidas de cor cinza contrastam com a cerâmica jasper Wedgdwood, azul e branca.

Pedras

Tradicionalmente, as pedras preciosas – diamantes, safiras, rubis e esmeraldas – costumam ser associadas a riqueza e posição social. Na forma de anel, elas também podem ser usadas como símbolo de amor e intenção de casamento. Pedras polidas ou cabochões eram utilizados na Idade Média no adorno de peças de metal. No final do século XVII, a expansão do comércio com países como a Índia aumentou a disponibilidade de pedras preciosas no mercado, e diferentes técnicas de corte e polimento de pedras com múltiplas facetas foram desenvolvidas.

Broche de diamantes, esmeraldas e safiras, 1960
Schlumberger desenhou este broche em forma de duas pinhas para a Tiffanny, de Nova York. Os diamantes, as safiras e as esmeraldas foram posicionadas de modo a acentuar o formato curvilíneo das pinhas e as pontas recortadas as folhas.

Anel de safira, 1830
O azul da safira, normalmente vinda do Sri Lanka, fez com que esta pedra fosse muito usada na confecção de anéis. Para seu anel de noivado, a princesa Diana escolheu uma safira rodeada por catorze diamantes da Garrard, em Londres, em 1981.

Broche de opala, 1900
As opalas estiveram em alta durante o período *art nouveau*, quando os designers apreciavam essas pedras pela sua incomum mistura de cores. Este broche foi desenhado por Marcus, de Nova York, e exibe as cores naturais intensas da opala com um trabalho em esmalte.

Alianças eternas, 1920-1940
Alianças em formato circular cobertas com pedras têm uma longa história, que simboliza o amor duradouro. Pedras preciosas, particularmente os rubis – por conta de sua cor, associada à paixão –, expressam esse sentimento.

Broche turquesa, 1850
O azul brilhante da turquesa tornou-a muito popular na fabricação de joias com valor sentimental do século XIX, e um presente apropriado para as damas de honra. Ela representa a cor da flor silvestre miosótis, símbolo do amor verdadeiro.

Itens de luxo

Durante a Idade Média, Paris tornou-se o centro mais prestigiado de joias finas. Atualmente, várias grifes estão instaladas na Place Vendôme, que data do século XVII, ou em seus arredores, incluindo a Chaumet, a Boucheron, a Van Cleef & Arpels, a Chanel e a Dior. Desde o início do século XX, as joalherias finas em Nova York e Londres têm complementado a Place Vendôme. À parte o uso de matérias de altíssima qualidade, cada marca de luxo desenvolveu a sua abordagem própria de design para manter uma identidade exclusiva.

Dior, 2010 (abaixo)
Este anel, em ouro branco, com diamantes e uma turmalina rosa, é da coleção chamada La Fiancée du Vampire, desenhada por Victoire de Castellane, e explora o tema do amor eterno. O presidente Sarkozy, da França, comprou este anel para Carla Bruni.

Van Cleef & Arpels, 1930
Acredita-se que este broche brilhante tenha sido feito pela Van Cleff & Arpels. O design evoca aspectos ornamentais dos contos de fadas e dos jardins, aliados às inovações técnicas como as peças mutáveis e os engastes invisíveis.

Boucheron, 2010 (à esquerda)
A atriz burlesca Dita von Teese exibe um bracelete prateado em formato de cobra, com o corpo coberto em diamantes e os olhos de rubi. A Boucheron tem utilizado esse motivo desde 1878 – ele é típico do estilo da casa, chamado por ela de "bestiário extravagante".

Tiffany, década de 1960
A Tiffany, que fica na Quinta Avenida, em Nova York, construiu uma reputação de sofisticação norte-americana e glamour, associados a designers convidados e diamantes finos. Este anel em ouro é uma peça elegante, com dois corais ovais na horizontal e diamantes.

Cartier, década de 1950
Fundada em 1847, a Cartier é famosa pela imensa variedade de materiais e cores utilizados na confecção de suas peças inconfundíveis, com motivos geométricos, florais e figurativos. Este broche de uma máscara africana estilizada foi criado no final da colonização francesa na África.

Joias femininas

Pérolas, cerca de 1765
Os brincos e o colar de pérolas preso ao pescoço com um laço de fita, na foto abaixo, eram usados durante o dia. A pintura mostra como a brancura das pérolas complementa a palidez da pele da mulher, assim como o fichu branco usado sobre os ombros.

Foi no século XVIII que as joias desenhadas para mulheres passaram a exibir estilos diferentes para o dia e para a noite. Pérolas eram usadas no dia a dia, e *parures*, ou conjuntos com pedras preciosas e semipreciosas, ficavam reservados para ocasiões noturnas. As gemas, ou vidrilhos, eram cortadas e facetadas para brilhar, especialmente sob as luzes dos candelabros. Esse tipo de joia ainda é usado atualmente à noite e em eventos no tapete vermelho. As mulheres continuam exibindo também crucifixos, cordões de pérolas e correntes.

Relógio de pulso, 1936
Na década de 1910, os relógios de pulso passaram a ser muito usados pelas mulheres, e esta versão luxuosa foi feita pela Cartier. O estilo baguete fina recebeu o nome por conta do formato do corte dos diamantes, incrustados ao redor da caixa.

Conjunto gótico, 1848 (à direita)
Pugin desenhou o conjunto à direita baseado nos motivos, matérias e técnicas da Idade Média. Note as flores de lis, o crucifixo e o uso de cabochões granada, pérolas e ouro.

Pulseira corrente, 1890
As pulseiras usadas sem outra peça combinando viraram moda em meados de 1840. Léon Gariod especializou-se na criação de pulseiras articuladas e correntes decoradas com gemas. Este exemplar foi feito com grandes elos de ouro e diamantes.

***Parure* de esmeradas, 1806**
Stephanie de Beauharnais recebeu de presente de Napoleão I este conjunto de joias que ficou registrado em seu retrato. O estilo é simples, mas dramático, e a cor das grandes gotas de esmeralda ganha vida com a disposição aberta do *parure*.

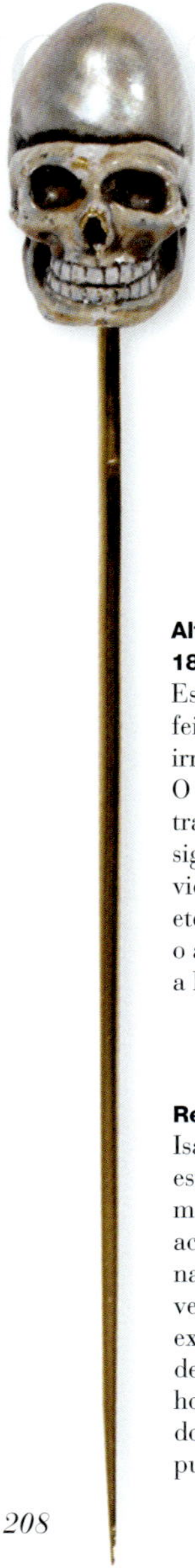

Joias masculinas

Até a segunda metade do século XX, os adereços masculinos consistiam basicamente em adornos para as roupas, e não para o corpo. Bordado e botões de pedras preciosas eram usados em paletós no século XVIII, mas essa prática desapareceu com a severa simplificação do corte da alfaiataria. Assim, o foco mudou para os adornos de pescoço, coletes e calças, com a exibição de alfinetes e correntes com berloques e relógios de bolso. Os relógios de pulso deram uma nova oportunidade para o usuário exibir sua posição social e bom gosto.

Alfinete de gravata, 1800-1820
Este alfinete de gravata foi feito a partir de uma pérola irregular e ouro esmaltado. O motivo de caveira é uma tradição do *Memento Mori*; significa a brevidade da vida terrena comparada à eternidade. Acredita-se que o alfinete tenha pertencido a Napoleão I.

Relógio de bolso, 1857
Isambard Kingdom Brunel está em pé ao lado do mecanismo que será acionado para lançar seu navio a vapor. Brunel veste-se formalmente e exibe a corrente do relógio de bolso, que todos os homens carregavam antes do domínio do relógio de pulso, nos anos 1920.

Berloque, 1815-1820
Este berloque em formato de brasão provavelmente ficava preso a uma corrente de relógio e pendurado logo abaixo da cintura de um pequeno bolso na calça. A decoração ilustra uma cena da Batalha de Trafalgar.

Versace, 2010
Desde os anos 1950, as plaquinhas de identificação do Exército vêm servindo de inspiração para pendentes de pescoço, que desviam a atenção para o corpo de quem os está usando. Aqui, Versace exibe três colares distintos, usados juntos casualmente sobre o peito à mostra.

Rolex, 1998
O relógio de pulso Oyster Perpetual Datejust, desenhado em 1945, foi usado pelo herói da ficção James Bond, enfatizando a imagem de sofisticação e praticidade para um homem de ação. Esta versão clássica é feita de aço e ouro branco.

Cabelo e maquiagem

Introdução

Cabelo e maquiagem têm a função de complementar um look. Historicamente, os estilos para homens e mulheres costumam ter suas semelhanças. Entretanto, desde que os homens pararam de usar peruca, adotando, em sua maioria, o corte de cabelo curto, as mulheres ficaram com maior liberdade de escolha. Tirando a opção de comprimento dos cabelos, desde os anos 1950 também se tornou mais aceitável para a mulher comum – e não apenas para as celebridades – tingir os cabelos. Os estilos podem variar, mas, culturalmente, eles ainda refletem o *status*, a ocupação e a idade da pessoa.

Cabelos compridos, 1867
A princesa Alexandra da Dinamarca, esposa do futuro rei Eduardo VII, da Inglaterra, tinha 23 anos e já era casada quando esta fotografia foi tirada. O laço enorme sobre os cabelos soltos era um estilo jovial aceitável apenas em situações informais.

Água oxigenada, década de 1950
Jane Mansfield era a versão britânica de Marilyn Monroe, na década de 1950. Na foto ao lado, ela exibe os cabelos descoloridos com água oxigenada anteriormente associados a estrelas do cinema, como Jean Harlow, símbolo sexual nos anos 1930.

Cabelos loiros, 1999
Satya Oblet afirmou que devia seu sucesso como modelo, desfilando para marcas como Kenzo e Gaultier, nos anos 1990, ao seu visual radical. A pele morena contrasta com os cabelos, o bigode e a barba loiros.

Cabelos lisos, 1937
O duque a a duquesa de Kent exibem o corte de cabelo curto e assentado dos anos 1930. O formato liso por inteiro, repartido no meio ou de lado, era o mesmo para os dois sexos. Cachos e ondas atenuavam o estilo para as mulheres.

Peruca, 1800
Este tipo de peruca tornou-se muito popular em torno de 1730, e por volta de 1800 ainda era usado apenas por alguns profissionais, como advogados ou médicos. A peruca de crina de cavalo tem a trança, ou rabo, presa dentro de um saquinho de seda preta decorada com uma roseta.

Corte masculino e barba

Cavanhaque, 1998
Brad Pitt exibe uma barbicha no queixo conhecida como cavanhaque. O cavanhaque foi moda em meados do século XIX, em formato de ponta. Nos anos 1960, esteve ligado ao visual beatnik e, desde os anos 1990, tem sido associado a intelectuais e figuras do meio artístico.

Barbas, suíças e bigodes tradicionalmente são vistos como manifestações de força e virilidade masculinas, mas também têm sido alvo de mudanças de acordo com a moda. À medida que os homens foram deixando de usar perucas, no final do século XVIII, os pelos faciais se tornaram mais populares, especialmente depois de 1850. As barbas passaram a ser associadas ao homem de negócios sério e bem-sucedido, e os bigodes eram inspirados nas figuras militares. Os pelos no rosto saíram de moda entre 1910 e 1960; desde então, estão mais identificados com artistas e intelectuais.

Suíças, final do século XIX
Sir Richard Strachey, soldado britânico e administrador na Índia, tinha suíças bastante compridas: pelos crescidos nas laterais do rosto junto ao queixo barbeado. O nome em inglês das suíças (*sideburns*), adotado por volta de 1860, foi uma homenagem ao general norte-americano Burnside.

Barba e bigode, cerca de 1890
Sir William Blake Richmond era um ilustre artista e professor na Academia Real. A foto mostra a barba e o bigode complementando os cabelos longos, em um estilo que requer preocupação mínima com barbeador e tesoura.

Rosto barbeado, 1910
No início de 1900, as lâminas descartáveis vendidas nos Estados Unidos e na Europa ajudaram a promover o estilo mostrado na foto acima. Por volta de 1910, as barbas tinham se tornando tão impopulares que alguns termos depreciativos eram usados para referir-se a um homem com barba.

Bigode, 1870
Os bigodes extremos vistos na gravura ao lado, exibidos por Napoleão III e o *kaiser* Wilhelm, eram muito admirados e exigiam cuidados e aparelhos especiais – por exemplo, fitas feitas de gaze de seda com elástico e tiras de couro, que eram usadas na hora de dormir para manter o formato do bigode.

Cabelos masculinos - releitur

Os cortes de cabelo masculino são capazes de expressar diferentes conceitos, como respeitabilidade, idade, posição social, ocupação, ideais, grupos. O estilo dos cortes tem variado desde que os cabelos naturais substituíram as perucas, no século XIX. O cabelo que emoldurava o rosto com cachos suaves era considerado romântico no século XIX. Os compridos são tidos como fora dos padrões e associados a artistas e intelectuais, enquanto os cabelos curtos estão na moda desde a Segunda Guerra Mundial, quando foram associados aos militares, à força e ao controle.

Rabo de cavalo, 2007
Na foto abaixo, Karl Lagerfeld usa os cabelos ao estilo das perucas empoadas do século XVIII, com rabo de cavalo. Desde os anos 1960 que o estilo, usado sem adornos, tem ares de rebeldia ou boemia.

Romântico, 1812
Este corte, com cachos penteados para a frente, foi inspirado pelo neoclássico, o estilo que reinava entre os artistas e a moda no início de 1800. Alguns homens adotaram uma versão parecida, por volta de 2006.

Topete pompadour, 1959
Nos anos 1950, Cliff Richard adotou o estilo Elvis Presley. O pompadour era uma versão modificada do duck's tail ("rabo de pato"): requeria um cabelo um pouco mais comprido, que era puxado para trás nos lados e na frente e, em seguida, fixado com brilhantina.

Topete, 2010
Nos anos 1950, os Teddy Boys (neoeduardianos), na Grã-Bretanha, usavam o duck's tail extremo ou topete. O modelo acima, da Bottega Veneta, exibe uma versão moderna enrolada.

Corte Beatle, 1963
Cabelos penteados para a frente, formando uma franja espessa sobre a testa, eram considerados compridos no início dos anos 1960. O corte ecoava os estilos geométricos usados pelas mulheres e foi adotado pelos jovens.

Cabelos femininos - releituras

Nos séculos XIX e XX, cabeleireiros e celebridades lançaram tendências em cortes de cabelo, e nos últimos anos é crescente a influência da moda das passarelas nesse assunto. Os avanços nos produtos capilares facilitaram a recriação de estilos sem que houvesse danos aos cabelos ou fosse necessário recorrer a perucas. Uma abordagem ilusoriamente simples do estilo de cabelo usado pelas celebridades dos anos 1960, como Jean Shrimpton e Brigitte Bardot, pode servir como fonte de inspiração.

Gainsborough, 1785
Este retrato, *Mrs Sheridan*, exibe um penteado mais natural, após os estilos artificiais da década de 1770 que eram obtidos com perucas. O formato menor mostra um cabelo um tanto volumoso nas laterais, contrastando com os fios longos e cacheados.

Dior, 2010
John Galliano afirmou que o final do século XVIII inspirou o tema desta coleção prêt-à-porter. O penteado da foto ao lado é parecido com o de *Mrs Sheridan* de Gainsborough (à esquerda), com adição de uma trança longa.

Trança, 2010
Alexander Wang, de Nova York, exibiu em sua coleção verão 2010 uma versão despojada de trança. Usada com roupas inspiradas na moda esportiva, ela foi adaptada do estilo colegial e atualizada em um formato romântico.

Colmeia, 1962
Os penteados do início dos anos 1960 eram estreitos nas laterais e altos sobre a testa, como o da fotografia acima, da cantora Dusty Springfield. O efeito era conseguido penteando os cabelos para a frente e para trás, e com muito fixador.

Despenteado, 1962
Brigitte Bardot causou impacto na moda nos anos 1950 e 1960 com um estilo de roupas e cabelo que era jovem e, ao mesmo tempo, glamouroso. Os cabelos loiros despenteados, sua marca registrada, serviram de inspiração para muitos estilos da moda.

Cabelos femininos - corte e manutençã

Os cabelos soltos sempre tiveram um significado cultural diferente no Ocidente, desde simbolizar a noiva na Idade Média à adolescente, ou mesmo a mulher imoral do século XIX. À medida que as mulheres se tornavam adultas, os cabelos passavam a ser usados presos, e até os anos 1920 a moda de cabelos curtos para mulheres não existia. Os cabelos curtos eram vistos como sinal de modernidade e foram ressuscitados na década de 1960. Desde essa época, nenhuma regra formal foi aplicada.

Cabelo controlado, 1862
Os cabelos da princesa Alexandra estão penteados rente à cabeça, no alto, e presos atrás com fitas ou redinha. Esta fotografia pode ter sido uma das que foram tiradas para comemorar o noivado com o príncipe de Gales, em 1862.

Corte geométrico, 1964
Vidal Sassoon finaliza, em Mary Quant, um de seus cortes geométricos. Os cortes de Sassoon eram feitos de acordo com as qualidades naturais dos cabelos e não requeriam o uso de loções, fixadores e visitas semanais ao cabeleireiro.

Cabelo curto, 1798 (abaixo)
Esta gravura de moda francesa mostra um corte de cabelo curto que surgiu logo após a Revolução Francesa. Ele foi inspirado nos estilos clássicos antigos, e algumas mulheres cortaram os cabelos em homenagem aos que morreram na guilhotina.

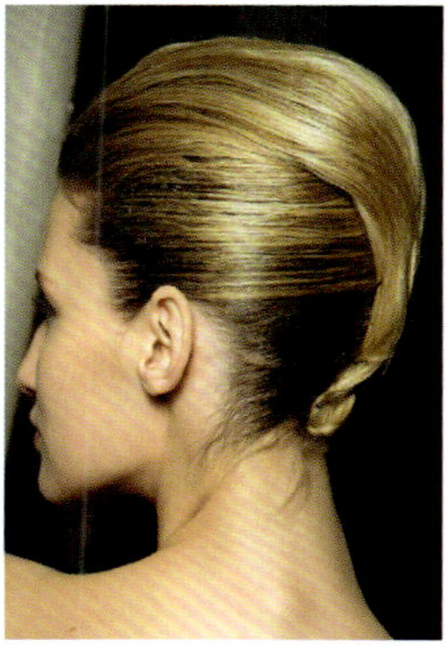

Coque banana, 2010 (à esquerda)
Simples e sofisticado, o coque banana virou moda no final dos anos 1950 e foi usado por Audrey Hepburn no filme *Bonequinha de luxo*. Esta versão da Armani foi feita com os cabelos desfiados e presos ao alto.

Rabo de cavalo e laço, década de 1960
Jean Shrimpton usa um penteado comportado, com os cabelos presos em um coque ou rabo de cavalo. O laço preto de veludo é conhecido como Tom Jones, em homenagem ao herói do romance de mesmo nome do século XVIII, escrito por Henry Fielding.

Make-up feminino

Louise Brooks, 1928
A estrela de cinema Louise Brooks aparece, na foto, com a maquiagem acentuada dos filmes em preto e branco da década de 1920. Empresas como a Max Factor criaram linhas para mulheres comuns que gradualmente foram sendo aceitas.

Ao longo dos anos, a maquiagem vem sendo utilizada tanto para criar um efeito natural quanto para obter um resultado propositadamente artificial. No século XVIII, quando apenas a classe trabalhadora tinha a pele bronzeada, as mulheres que seguiam a moda desejavam aparentar a maior palidez possível. Na Corte, especialmente na França, os nobres usavam uma maquiagem extremamente artificial. Já no século XIX, a moda era uma aparência mais natural. A maquiagem forte só ganhou respeito após os anos 1920, seguindo a popularidade dos filmes de Hollywood.

Nr. 46. 17. November 1928
Frankfurter Illustrierte

Preis 20 Pfennig
Sechzehnter Jahrgang

Das Illustrierte Blatt

Louise Brooks, die schöne Hollywooder Kinoschauspielerin, die für die Rolle der Lulu in der „Büchse der Pandora" ausgesucht wurde. Der Film wird augenblicklich in Berlin gedreht.

Sophia Loren, 1966
Sophia Loren, estrela do cinema italiano da década de 1960, tem servido de inspiração para estilistas e maquiadores até hoje. Na foto acima, a maquiagem impecável é realçada pelos cílios postiços e curvados e, também, pelo contorno delicado dos olhos.

Gótico suave, 2009
O tema gótico tem sido uma tendência recorrente no vestuário, e a maquiagem dessa proposta costumava contrastar preto, púrpura e branco. A coleção da Prada exibiu uma versão mais leve, com sombra marrom esfumaçada.

Amy Winehouse, 2009
A maquiagem de Amy Winehouse é uma versão extrema do estilo que foi moda no final dos anos 1950 e na década de 1960. O delineador líquido apresenta um preto mais compacto e segue em uma linha aguda na direção das sobrancelhas bem definidas.

Tatuagens, 2010
Peter Philips, diretor de criação de make-up da Chanel, produziu uma série de tatuagens modernas que duram uma semana, brincando com os símbolos da Chanel. Este exemplo mostra a corrente e o C duplo.

Estilistas e grifes

Introdução

Pierre Cardin, 1967
Este minivestido de crepe azul exibe o estilo minimalista pelo qual Cardin era identificado. Ele afirmou ter descoberto, nos anos 1960, a forma linear perfeita para roupas, e desde então se manteve fiel a essa estética.

Cada uma das principais capitais da moda – Paris, Milão, Nova York e Londres – tem uma história única, que ajuda a explicar a mistura de estilos e grifes que existe atualmente. Muitos estilistas, entre eles John Galliano e Karl Lagerfeld, desenham não apenas para as suas marcas, mas para outras também. Empresas que começaram fornecendo artigos de couro, como a Gucci e a Hermès, deram início a uma linha de roupas que se beneficia do *status* de celebridade da grife.

Ralph Lauren, 2010
Os clássicos norte-americanos descrevem a abordagem de Ralph Lauren. No modelo ao lado, esta é expressa em um estilo ao mesmo tempo formal e casual. A calça jeans larga, inspirada nas roupas de trabalho da Levi's, é usada com suspensórios e outros itens do vestuário masculino.

Chanel, 1922

No início da década de 1920, Coco Chanel tinha uma marca registrada, que se inspirou no bordado deste vestido de noite. O bordado russo é da casa Kitmir, que se encarregou de fazer o trabalho exclusivamente para ela.

Yves Saint Laurent, 1968

Yves Saint Laurent produziu diversas peças temáticas que ainda são identificadas como suas, incluindo esta túnica safári de gabardine, de 1968. A primeira versão, exibida em 1966, tinha o mesmo trançado escandaloso na frente.

Hermès, 2005

A Hermès tem fama de alta qualidade e de ser uma marca que transmite luxo. Este modelo de maiô, desenhado por Jean-Paul Gaultier, usou como motivos as fitas com o nome Hermès que normalmente são vistas nos embrulhos da loja.

Os pioneiros da fama

Até o final do século XVIII, modistas, chapeleiros e alfaiates que criavam peças para homens e mulheres não eram conhecidos pelo grande público. Na França, Rose Bertin foi a primeira celebridade da moda, e depois Louis-Hippolyte LeRoy assumiu o título de primeiro estilista masculino famoso. Eles não trabalhavam sozinhos, mas eram líderes reconhecidos pela profissão que exerciam. Ao longo do século XIX, as técnicas foram passadas adiante, e a fama de Paris como a capital da moda cresceu.

Charles Frederick Worth, 1825-1895
A casa de moda Worth operou entre 1858 e 1956. Ao lado está um vestido de noite, desenhado em 1881, por Charles Frederick Worth. O traje demonstra a preferência desse estilista por tecidos luxuosos e bordados com corte simples e elegante.

Rose Bertin, 1747-1813
Maria Antonieta foi a cliente mais famosa de Rose Bertin e costumava encomendar uma média de doze vestidos de luxo por estação, como o que está usando no retrato. Bertin também era conhecida pelos ornamentos de cabeça elaborados, como este, enfeitado com pérolas e penas.

Jacques Doucet, 1853-1929 (à esquerda)
Doucet foi um dos primeiros estilistas, e entre suas clientes havia membros da realeza e atrizes. À esquerda, a grande diva do teatro francês Mademoiselle Provost exibe um vestido de seda bordado de 1909, com cauda e chapéu com penas, inspirado no estilo império do século XVIII, o favorito de Doucet.

Paul Poiret, 1879-1944 (à direita)
Paul Poiret foi um dos estilistas que declararam a abolição dos espartilhos. Este traje de 1912, Sobert, é um de seus modelos mais famosos, admirado tanto pelo formato criado pela túnica com armação de arame quanto pela referência oriental.

L-H. LeRoy, 1763-1829
LeRoy desenhou este vestido para a imperatriz Josefina. O traje tem o mesmo formato do vestido da coroação que ele criou para ela em 1804, retratado no quadro de David. Note o bordado em diagonal no alto da manga e as pregas do tecido, no centro.

Criadores e marcas

Durante os anos 1920, a moda de Paris ainda dominava o mundo, apesar de lá já não mais haver a ideia de uma casa como líder absoluta. Muitas das casas de moda que funcionavam naquela época ainda existem e fazem referências a suas origens de várias maneiras. Por exemplo, a Lanvin utiliza a logomarca mãe e filha da fundadora, e outras maisons criam roupas buscando inspiração em seus arquivos. Estilistas como Patou, na década de 1920, e Cardin, em 1960, usaram seus nomes para fortalecer a identidade de suas grifes.

Jeanne Lanvin (1867-1946)
Lanvin é a casa de moda mais antiga de Paris, e esta capa de noite em veludo de seda, de 1935, e o vestido de cetim representam a preferência de Jeanne Lanvin pelas cores ricas e texturas do Oriente. Ela também tinha departamentos de roupas infantis e de design de interiores.

Pierre Cardin (1922-)
O conjunto Cosmos, de Pierre Cardin – criado para a sua coleção masculina de 1967 –, exibe a mesma abordagem minimalista que ele usou nas roupas femininas. Nos anos 1960, este traje, feito de jérsei de lã, prático e confortável, foi visto como futurista e nada convencional.

Madeleine Vionnet (1876-1975) (abaixo)
Vionnet combinou a praticidade do mundo dos negócios com a inovação no vestuário. Neste cocktail dress de crepe, de 1935, ela criou sua inconfundível silhueta com tecido cortado em viés, que adere ao corpo e cai em dobras elegantes.

Cristóbal Balenciaga (1895-1971) (acima)
Alguns dos mais expressivos modelos criados pelo estilista espanhol Balenciaga foram feitos poucos anos antes de ele se aposentar, em 1968. Este traje de noite em seda gazar, de 1967, foi inspirado nas vestes eclesiásticas, com suas camadas pretas esculturais.

Jean Patou (1880-1936)
Durante a década de 1920, Patou teve clientes célebres como Louise Brooks e a campeã de tênis Suzanne Lenglen. Ele criava modelos para a mulher moderna, como este vestido de noite simples abaixo, mas adornado com bordados, o Byzance.

Chanel

Karl Lagerfeld, 1983
Quando Lagerfeld (1933-) se tornou diretor criativo e estilista da Chanel, Inès de la Fressange supriu a presença feminina como modelo e porta-voz da marca. Sempre de acordo com o estilo elegante e prático de Chanel, na foto abaixo ela prova um blazer de manga curta.

Gabrielle "Coco" Chanel (1883-1971) teve dois estágios em sua carreira: de 1910 a 1939 e de 1954 a 1971. A francesa criou roupas práticas, mas com estilo, para mulheres modernas e que não precisavam ser usadas com espartilho. Embora a inspiração para os trajes passeio algumas vezes tenha vindo das roupas masculinas, foram os tailleurs e vestidos pretos básicos dos anos 1920 que estabeleceram a fama de Chanel. Acessórios como joias, incluindo pulseiras, pérolas e correntes, eram parte vital de seu estilo.

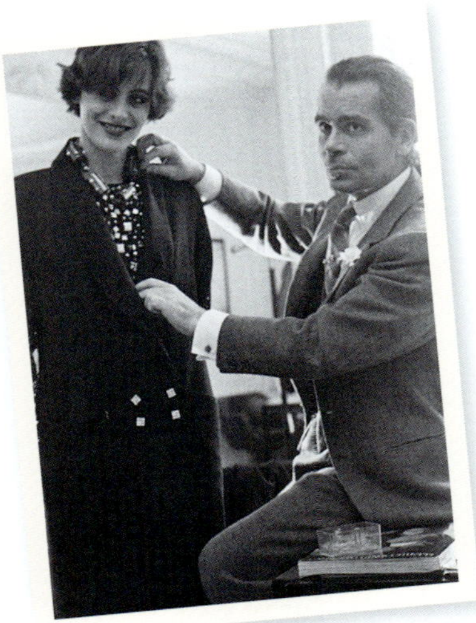

Mademoiselle Chanel, 1965
Este traje demonstra o estilo de formas reduzidas monocromático, do período do retorno de Chanel. Os acessórios mostram como o tema preto e branco é importante para completar o visual. Acredita-se que Chanel tenha usado este conjunto.

Prêt-à-porter, 2007 (à direita)
Este traje tem ligação com o estilo verão, inspirado nos trajes masculinos que Chanel adotou nos anos 1930. As pulseiras largas são uma versão das usadas por Chanel, que eram feitas para ela pelo joalheiro Fulco di Verdura.

Karl Lagerfeld, 2003 (acima)
O estilista brincou com o estereótipo do tailleur de tweed Chanel, para uso diário, dos anos 1950. No modelo acima, o tecido buclê combina com as contas e a pele para criar um traje de noite luxuoso.

Alta-costura, 2009
Karl Lagerfeld costuma fazer referência à ligação de Chanel com o preto e branco ao produzir coleções com este esquema de cores. O traje branco mostrado ao lado é feito de um tecido de papel criado pela casa de bordado Lesage.

Dior

Linha Y, 1955
O tema Y de Dior pode ser visto neste cocktail dress, na linha profunda do decote e no Y invertido das pregas da saia. O vestido, feito de gorgorão de seda, tem a típica barbatana no corpo e camadas de tule para dar volume à saia.

Christian Dior (1905-1957) criou sua maison em 1947 e virou sucesso instantâneo quando uma jornalista escreveu uma matéria sobre a sua primeira coleção referindo-se a ela como New Look. O estilo de Dior rompia radicalmente com os trajes curtos e justos dos tempos da guerra; a inspiração vinha das cores e dos tecidos do século XVIII e dos laços e das curvas de ampulheta da década de 1890. Seus modelos sempre requeriam barbatanas e a sustentação dos saiotes engomados para alcançar o formato desejado.

Cisne negro, 1949-1950
Este vestido representa os modelos de Dior do final de 1940, que contavam com painéis esvoaçantes para produzir formatos diferentes. O corpo do vestido com barbatana é preso a uma saia com painéis de veludo de seda, posicionados para dar a impressão de um laço.

John Galliano, verão 2010 (à esquerda)
Este vestido de alta-costura de Galliano (1960-), estilista da Maison Dior entre 1997 e 2011, foi inspirado nos cortes da alfaiataria e nos painéis contrastantes criados originalmente por Christian Dior.

John Galliano, inverno 2010 (à direita)
O século XVIII foi um dos períodos que inspiraram Christian Dior, e é uma época para a qual Galliano retornou com frequência para criar seus modelos. Aqui, o tema lingerie boudoir, decorada com babados e fitas, combina com o tricô.

Marc Bohan, 1967
Marc Bohan (1926-) substituiu Yves Saint Laurent como estilista da Dior em 1960 e permaneceu no cargo até 1989. Este vestido de noite, em organza de seda preta e penas de avestruz, combina elegância jovem com tecidos exóticos.

Giorgio Armani

Armani (1934-) trabalhou para Nino Cerruti (1930-) antes de lançar a própria grife, em 1974, e uma coleção feminina, em 1975. Ele causou tremendo impacto na alfaiataria masculina, entre os anos 1970 e 1980, ao exibir paletós mais flexíveis e menos estruturados. Sua paleta de cores brandas também contribuiu para a fama de estilista contemporâneo e elegante. Ele aplica a mesma abordagem sofisticada nas coleções femininas, o que agrada às clientes executivas. Armani controla outras linhas de roupas, móveis e hotéis.

Verão 2010
Este terno de abotoamento simples é usado casualmente sem gravata, com a gola virada para cima, realçando o visual elegante, mas confortável, que caracteriza Armani. A leveza dos tecidos em tons de cinza é típica de seu estilo.

Inverno 2008
A coleção 2008 de Armani apresentou uma variedade de tons entre o preto e o branco, com estampas e blocos de cor. Aqui, a textura do paletó cinza contrasta com o veludo preto da calça de corte solto.

Alta-costura, 2009 (à direita)
Armani experimentou texturas e cores nesta coleção inspirada na ópera *Turandot*, de Puccini. Os tecidos eram lustrados para brilhar como lantejoulas. Na foto ao lado, os ombros estruturados, uma tendência de 2009, combinam com a silhueta esguia de Armani.

Garçonne, década 1980 (acima)
Este conjunto, em tons de cinza distintos, é um exemplo das cores sutis pelas quais Armani ficou famoso nos anos 1980. A camisa e o paletó têm ombreiras que contribuem para a silhueta poderosa.

Verão 2007
O tradicional traje masculino de verão e o esquema de cores do blazer azul-marinho com a calça de flanela branca serviram de inspiração para este conjunto. A calça tem a cintura baixa contemporânea, com a largura das calças bag Oxford dos anos 1920.

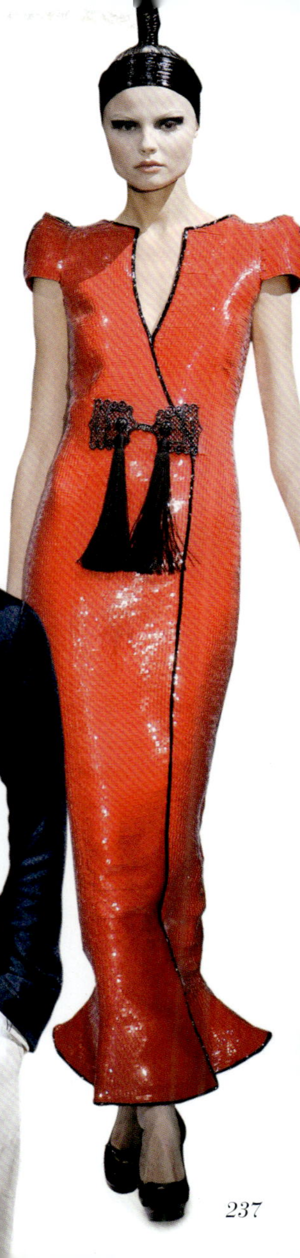

Hermès

Casaco de pele de carneiro, 2005
Hermès sempre ligou sua gama de produtos à selaria. As linhas de roupas contam com alguns itens em couro. A foto abaixo mostra um casaco em formato contemporâneo, confeccionado em pele de carneiro.

A Hermès foi fundada em 1937 pelo seleiro Thierry Hermès (1801-1878), mas a empresa fabricava uma imensa variedade de produtos, incluindo bolsas e lenços. Nos últimos vinte anos, a linha de sapatos e joias vem sendo desenhada por Pierre Hardy, e desde 2003 Jean-Paul Gaultier assina as roupas femininas. Os itens mais procurados ainda são as bolsas Kelly e Birkin. Materiais luxuosos, do couro à seda, e as cores laranja e marrom caracterizam esta casa.

Conjunto de couro, 2010 (à direita)
A heroína britânica dos anos 1960 Emma Peel serviu de referência para este conjunto em couro preto com chapéu-coco e bolsa. O traje seguiu a tendência para roupas de couro e exibe a qualidade do material.

Cores que identificam a marca, 2005
Estes dois vestidos de verão estilo neoclássico são exemplos das cores Hermès, laranja e marrom. O modelo ilustra a imagem despojada que a grife Gaultier criou.

Lenço, 1990
A Hermès começou a produzir lenços de seda em duas coleções por ano, cada uma com doze modelos, em Lion, em 1937. O lenço acima, com estampa heráldica, é um típico exemplar com cores vibrantes, com barra enrolada e arrematada a mão.

Bolsa Birkin, 2007
A bolsa Birkin foi criada em 1984, depois de um encontro casual do CEO da Hermès com Jane Birkin. O modelo acima é uma das versões mais caras, feita de couro de crocodilo de água salgada.

Prada

Apesar de ser uma empresa com raízes tradicionais, a Prada é famosa pelo estilo excêntrico, intelectual e indubitavelmente "moderno". A grife foi criada em 1913 por Mario Prada e vende objetos de luxo, incluindo malas de couro e bolsas de noite. Desde 1978, a neta de Mario, Miuccia Prada (1949-), está no comando. A Prada lançou linhas de roupas, sapatos, perfumes e até telefones celulares.

Bolsa de náilon, 2008
Esta bolsa exibe o náilon, material que a Prada começou a usar nos anos 1980 como alternativa ao couro e que virou sua marca registrada, conferindo à grife a fama de inovadora e moderna. O couro só é usado aqui nas alças e nos acabamentos.

Saia pavão, 2005
Um dos trajes mais comentados da Prada foi esta saia de 2005, com penas de pavão verdadeiras. Extravagante e tecnicamente difícil de confeccionar, ele ultrapassou as barreiras entre as roupas de alta-costura e de prêt-à-porter.

Saia de tampinha de garrafa, 2007
Miuccia Prada já afirmou que o tecido representa 90% do processo de criação de uma roupa, e a empresa trabalha em conjunto com as fábricas italianas para produzir tecidos diferentes. Esta saia, de 2007, exibe enfeites em alumínio que parecem tampinhas de garrafa.

Túnica *art nouveau*, 2008
Em 2008, a Prada trabalhou com o artista norte-americano James Jean para criar uma mistura romântica de referências para a sua coleção de verão. Esta combinou as linhas curvas da *art nouveau*, os tecidos leves de Ossie Clark, dos anos 1960, e o mundo encantado das fadas e das flores.

Tecido contraditório, 2007
A coleção da Prada de 2007 mostrou turbantes dos anos 1940 e trajes para o dia em cetim duquesa, tecido normalmente usado para roupas de noite. Segundo Miuccia Prada, são contradições como essa que tornam seu trabalho contemporâneo.

Ralph Lauren

Ralph Lauren (1939-) introduziu uma linha de roupas para homens e mulheres que evoca uma versão idealizada da história e da cultura norte-americana. Em 1968, Lauren criou a linha Polo, para homens, baseada no estilo Ivy League: classe alta, esportista e jovem. Em 1972, iniciou a linha feminina, utilizando temas como a pradaria e a fronteira norte-americana. Os trajes podem ser compostos de saias rodadas ou inspirados no guarda-roupa masculino. As linhas de Ralph são famosas pelos tecidos de qualidade em cores sutis.

Fronteira, 2009
O traje abaixo apresenta uma imagem fronteiriça, com cores sutis que contrastam com as texturas. O cinto de couro tem fivela de prata decorada, e o paletó foi feito em patchwork de lã, mas o vestido é de seda leve.

Navajo, 2004
Esta é uma versão do cinto Navajo, que Lauren usou pela primeira vez na coleção Prairie Look, em 1978. A saia minimalista e a blusa de jérsei bege conferem impacto máximo ao cinto.

Denim, 2010 (à esquerda)
O denim, utilizado na confecção de roupas dos trabalhadores norte-americanos, serviu de inspiração para este vestido de noite, mas a peça foi feita em seda e chiffon leve e fino. Os tecidos foram descoloridos, para ficarem com os diferentes tons de azul do denim desbotado, e receberam decoração prata.

Náutico, 2006 (à direita)
Os temas militar e náutico têm inspirado as coleções de Lauren. O modelo de verão ao lado é predominantemente de algodão branco com uma blusa listrada. Trata-se de um exemplo da imagem esportiva e inovadora.

Ivy League, 2010
O elegante estilo Ivy League da década de 1900 está representado neste traje. O blazer tem um corte suave para que a imagem continue jovem e esportiva.

Yves Saint Laurent

Em 1961, Yves Saint Laurent (1936-2008) fundou a sua casa de moda com o sócio Pierre Bergé (1930-). Como sucessor de Dior, Saint Laurent representou um elo com a era dourada da moda francesa. O estilista ficou famoso pela qualidade de sua alfaiataria e, a partir de 1966, pelos seus conjuntos com calça comprida. Temas de outras culturas, como a africana e a russa, inspiraram suas coleções.

África, 1967
Estes trajes de inspiração africana são de seda, decorados com contas de madeira e ráfia. As peças exibem uma juventude e uma abordagem moderna, especialmente no vestido míni com cintura baixa.

Coquetel, cerca de 1985 (à direita)
Saint Laurent teve a sua primeira chance quando, ainda adolescente, ganhou o primeiro prêmio por ter desenhado um cocktail dress para uma competição. Esta versão glamourosa na temática de curvas e ricas texturas.

Terno descolado, 1994 (à esquerda)
A partir da década de 1960, Saint Laurent produziu versões de conjunto de calça que eram inspirados no guarda-roupa masculino. Este é um terno risca de giz cinza, um tecido tradicionalmente masculino.

Stefano Pilati, verão 2010
Stefano Pilati é o responsável pela coleção prêt-à-porter da Rive de Gauche desde 2000. Segundo ele, para o verão 2010 a inspiração havia sido um novo minimalismo; ao lado, um exemplo que usa textura e uma só cor com um cinto de couro em destaque.

Stefano Pilati, verão 2010 (acima)
Pilati queria criar fluidez neste traje em camadas composto de uma túnica em jérsei, usada com calça baggy sob um paletó creme. A abordagem minimalista ganhou um tom dramático com o contraste das formas e o preto e branco eclesiástico.

Apêndices

Glossário

ALTA-COSTURA. Roupas femininas de altíssima qualidade, que ganharam um novo significado desde a introdução das coleções prêt-à-porter, entre 1950 e 1970. As regras que regulamentam as casas que têm o direito de apresentar coleções de alta-costura, em Paris, estão sob o controle da Federação Francesa da Costura.

ANQUINHA. Estrutura usada na parte de trás da saia. Os tamanhos das anquinhas variam desde uma pequena almofada até uma armação de arame curva, que desce da cintura até as panturrilhas.

APLIQUE. Método de decorar tecidos por meio da aplicação de retalhos de tecido ou ornamentos sobre a superfície.

BERLOQUE. Ornamento masculino pendurado em uma corrente, muito usado no século XIX.

BLAZER. Paletó, mais comum com abotoamento duplo do que simples, e tradicionalmente na cor azul-marinho com botões de metal. O modelo deriva dos paletós usados pela Marinha inglesa no século XIX.

BOLSO CHAPADO. Bolso quadrado que é costurado do lado de fora da roupa, normalmente usado em jaquetas esportivas.

BRILHANTE. Tipo de lapidação geralmente usada em diamantes em que a parte superior da pedra é cortada em 33 facetas e a inferior, em 25 facetas.

BROCADO. Tecido de seda com relevos em motivos geralmente florais, obtidos por uma trama suplementar adicionada à trama estrutural.

CABOCHÃO. Pedra preciosa bruta cortada e polida, mas não lapidada em facetas.

CAFETÃ. Traje de corte largo com margas que vêm até a altura dos cotovelos, originário de países do Mediterrâneo Oriental. A roupa virou moda no Ocidente no final dos anos 1960 e na década de 1970.

CALÇA CAMUFLADA. Calça solta e com bolsos grandes nas pernas, baseada no estilo militar.

CALÇA CAPRI. Calça com pernas estreitas, cuja barra termina na altura das panturrilhas, normalmente com uma pequena fenda nas laterais. Foi moda nos anos 1950. Desenhada e batizada por Emilio Pucci, cuja base do negócio de moda ficava na ilha italiana de Capri.

CASA DE ABELHA. Ponto decorativo que cria um padrão pregueado sobre o tecido.

CASACO MARINHEIRO. Peça geralmente de abotoamento duplo, originalmente em azul-marinho, derivada das jaquetas usadas pela Marinha inglesa. Popular no final do século XIX para moda masculina, ressuscitou nos anos 1960 para homens e mulheres.

CASTORINA. Tipo de tecido de lã compacta dupla face, com uma das faces aparada para obter uma pelúcia densa e mais macia. Encorpada e com pelúcia longa, lembra o pelo do castor. Pode se referir também ao tecido de pelúcia usado para fazer chapéus.

CHIFFON. Tecido fino e transparente, feito de seda, raiom, algodão ou tecidos sintéticos, que tem ótimo caimento em drapeados.

COCKTAIL DRESS. Vestido, curto ou longo, menos formal que o vestido longo de noite. Foi muito popular nos anos 1950.

COLARINHO NEHRU. Colarinho curto e erguido, normalmente usado em roupas masculinas, deriva das roupas indianas e foi muito usado no Ocidente, nos anos 1960.

CORPO. Parte superior do vestido, dos ombros até a cintura.

CORTE PRINCESA. Corte de vestido sem costura na cintura, mas com painéis que descem de cima até a barra.

CREPE. Tipo de tecido levemente granulado, feito com fios retorcidos de lã e seda, que tem ótimo caimento em drapeados.

CRINOLINA. O nome vem de crin, tecido feito de crina de cavalo e algodão ou linho, usado para anáguas armadas. Em 1856, o termo referia-se a uma estrutura em formato de sino, normalmente feita em arame, que substituiu as camadas de anáguas que armavam a saia.

DENIM. Tecido resistente feito de algodão, normalmente constituído em ligamento sarja. Os fios do urdume são tingidos de índigo, e os da trama são brancos. O nome vem da expressão "serge de Nîmes", cidade francesa famosa no século XVIII pela produção de tecidos pesados de algodão.

DJELLABA. Traje solto com capuz e mangas, usado nos países árabes.

ESPARTILHO. Peça de roupa íntima justa e com barbatanas, usada para moldar o corpo, normalmente com a ajuda de fios trançados.

FAILLE. Tecido grosso de seda e que pode ser brilhante, com efeito canelado. É leve e macio, porém firme.

FEDORA. Chapéu masculino com aba estreita e copa com vinco.

FICHU. Lenço ou xale usado ao redor dos ombros, muito popular no século XVIII, feito de linho, algodão ou renda.

FLANELA. Tecido normalmente de lã com trama lisa ou canelada, cuja superfície é macia e encrespada. Origina-se de Gales, do termo em galês usado para lã, *gwlanen*. Também existe flanela de algodão.

FRANZIMENTO. Técnica de juntar o tecido fazendo costuras retas paralelas e depois puxando o fio para criar o efeito de franzido.

FRAQUE. Paletó masculino que termina na cintura, na frente, mas desce até os joelhos na parte de trás; usado desde o século XIX, particularmente para traje de noite.

GABARDINE. Tecido com ligamento sarja feito geralmente de algodão, lã ou fibra sintética. Não aceita pregas nem drapeados. Bastante utilizado em capas de chuva.

GALÕES RUSSOS. Cordão estreito estilo militar, que consiste em dois cordões paralelos cobertos com fio fino, normalmente na cor dourada ou prata.

GARÇONNE. Termo usado na França nos anos 1920 para descrever um novo tipo de mulher jovem, que tinha começado a usar roupas masculinas, especialmente calças compridas, e que cortava os cabelos bem curtos.

GAZAR. Tecido semelhante à organza, porém mais encorpado e, por isso, mais estável. O gazar de seda é um tecido caro e fino; sua superfície é acetinada de um lado e fosca do outro.

GODÊ. Corte do tecido em viés a fim de obter um movimento ondulado para saias, mangas, etc.

GORGORÃO. Tecido encorpado com canelado estreito na horizontal, muito usado para fazer fitas.

IMPÉRIO. Estilo cujo nome se refere ao império de Napoleão I, quando a moda dos vestidos das mulheres era a cintura alta, logo abaixo do busto.

JAQUETA NORFOLK. Paletó geralmente feito em tweed com duas pregas costuradas na parte da frente, nas laterais e no centro e um cinto, tudo feito no mesmo tecido. Foi moda na segunda metade do século XIX para a prática de esportes e como traje casual, e era vestida por homens e mulheres.

Glossário

JEANS. Artigo de confecção têxtil que utiliza o denim como matéria-prima. O nome vem dos marinheiros do porto de Gênova (Itália), chamados de "genes" pelos franceses e "jeans" pelos norte-americanos, e que usavam roupas de denim. O termo designa as calças criadas por Levi Strauss no século XIX, originalmente feitas em lona e, depois, em algodão resistente.

JÉRSEI. Tecido com elasticidade e leve feito de algodão, lã ou seda e que é utilizado para criar modelos com fluidez, por meio de dobras ou drapeados.

LAMÊ. Tecido com trama em fios metálicos.

LUREX. Tipo de fio metálico.

MOIRÉ. Acabamento que cria um efeito molhado e ondulado no tecido.

NEOCLÁSSICO. Literalmente, "novo clássico" – o estilo dominante da arquitetura, da pintura e do vestuário tanto no final do século XVIII quanto no início do XIX.

ORGANZA. Tecido fino e leve, ligeiramente ondulado, geralmente feito de seda, raiom ou náilon.

PANNIER. Em francês, "cesta". Usado no século XVIII para dar estrutura à saia de modo que ela ficasse distante dos quadris, em um formato exagerado.

PARURE. Termo francês para um conjunto de joias, vários itens combinando e usados juntos.

PELÚCIA. Pelos, ou superfície de um tecido, presos na trama como no veludo, em que os fios longos se projetam da superfície.

PENCE. Prega costurada para ajudar o tecido a se ajustar melhor às curvas do corpo.

PEPLUM. Saiote curto preso à cintura do corpo de uma blusa ou jaqueta, normalmente mais largo e ondulado para cobrir os quadris.

PLASTROM. Tira longa de tecido enrolada ao redor do pescoço e amarrada na frente, normalmente com nós ou laços diferentes.

POLONESA. Nome dado a um tipo de vestido do século XVIII cuja saia era erguida para cima para criar um formato de pufe, deixando uma curva que revelava a anágua, embaixo.

PRÊT-À-PORTER. Expressão francesa que significa "pronto para usar", criada para dar uma imagem mais positiva à produção de roupas em série de roupas. Coleção de roupas produzida duas vezes por ano, em vários tamanhos. Nos Estados Unidos, é chamado de ready-to-wear.

RAIOM. A primeira fibra artificial produzida a partir da celulose, no final do século XIX, como seda artificial.

RENDA BLONDE. Renda de seda não alvejada do início do século XIX , por isso sua cor bege.

RETÍCULA. Pequena bolsinha de mão usada no início do século XIX.

ROSE CUT. Pedra com a base cortada reta e facetas triangulares, que sobem para um ponto.

SACK-BACK. Modelo de vestido do século XVIII, com um tecido preso nos ombros, na parte de trás, que descia distante do corpo e podia ser franzido ou pregueado.

SAIA LÁPIS. Saia que desce afunilando da cintura até os quadris e as coxas. A saia lápis tem volume sem a necessidade de pregas ou ajustes na cintura.

SAVILE ROW. Área de Londres próxima ao Picadilly, onde se estabeleceu uma concentração de alfaiates no século XIX.

SHIBORI. Técnica japonesa de tingimento, que é feita dobrando, enrolando, torcendo e alinhavando o tecido.

SMOKING. Originalmente, paletó leve usado para fumar em casa, na segunda metade do século XIX. Hoje, no Brasil, designa o traje a rigor usado com gravata-borboleta.

SOBRECASACA. No século XIX era o paletó formal, com corte ajustado ao corpo e com abas.

STILETTO. Salto agulha. O termo stiletto designa os sapatos com essa característica.

STOCK. Tipo de lenço de pescoço amarrado de trás para a frente, usado do século XVIII em diante.

TAFETÁ. Tecido geralmente de seda ou poliéster, macio e que possui nervuras suaves com brilho. Também designa um tipo de ligamento.

TAILLEUR BAR. Ressuscitado por John Galliano em 2004, é de 1947. Christian Dior costumava dar nome para cada um de seus trajes. O traje mais famoso de sua primeira coleção, de 1947, consistiu em uma saia rodada com uma jaqueta, que ele batizou de tailleur bar.

TINTURA DE ANILINA. Tintas de tecido sintéticas, que entraram no mercado por volta de 1950.

TOILE DE JOUY. Atualmente pode se referir a qualquer algodão com estampa monocromática com motivos florais ou de paisagem, mas no passado era produzido em Jouy, cidade próxima a Versalhes, França.

TRAMA. Os fios dispostos no sentido transversal, horizontal ou de largura do tecido, entreçados pelos fios do urdume.

TRENCH COAT. Capa de chuva para homens e mulheres. Recebeu esse nome por ter sido usada pelos soldados da Primeira Guerra Mundial.

TROMPE L'ŒIL. Expressão francesa que significa "enganar os olhos". É um efeito usado em vestidos inspirados no surrealismo. Ver modelos de Elsa Schiaparelli e Sonia Rykiel.

TULE. Rede fina de seda ou fio sintético feita a máquina, originalmente fabricada em Tulle, França, no início do século XIX.

TWEED. Originalmente se referia a um tecido de lã rústica fabricado próximo ao rio Tweed, que separa a Inglaterra da Escócia, e que tinha protuberâncias coloridas (nó grosso no fio) que sobressaíam na superfície do tecido. Atualmente pode se referir a qualquer tipo de tecido com essa aparência.

URDUME. Os fios dispostos no tear de forma paralela ao comprimento. Por ele passam os fios da trama. Também chamado de urdidura.

VELUDO. Tecido coberto de pelos curtos e presos pelos fios da tela. Pode ser de seda, algodão ou lã.

VESTIDO ESTÉTICO. Peça resultante de movimento surgido na segunda metade do século XIX que contestava as roupas apertadas e de cores austeras para homens e mulheres. O vestido estético tinha inspiração na Idade Média.

VIÉS. A linha da trama em um ângulo de 45 graus no comprimento e transversal ao urdume.

Bibliografia

Livros

BREWARD, Christopher. *Fashion*. Oxford University Press, 2003.

BREWARD, Christopher; EHRMAN, Edwina; EVANS, Caroline. *The London Look*. Yale University Press, 2004.

BREWARD, Christopher; GILBERT, David; LISTER, Jenny. *Swinging Sixties*. V&A Publications, 2006.

CHENOUNE, Farid. *A History of Mens's Fashion*. Flammarion, 1993.

______. *Yves St Laurent*. Harry N. Abramns, 2010.

CORSON, Richard. *Fashions in Make Up*. Peter Owen, 2003.

COX, Caroline. *Hair & Fashion*. V&A Publications, 2005.

DEVIES, Hywel. *Modern Menswear*. Laurence King, 2009.

DE LA HAYE, Amy. *The Cutting Edge*. V&A Publications, 1998.

FUKAI, Akiko & SUOH, Tamami. *Fashion from the 18th Century to 20th Century*. Taschen, 2004.

HARRIS, Jennifer (org.). *5,000 Years of Textiles*. British Museum Press, 2004.

JOHNSTON, Lucy. *Nineteenth--Century Fashion in Detail*. V&A Publications, 2005.

LACROIX, Christian. *On Fashion*. Thames & Hudson, 2007.

McDOWELL, Colin. *The Man of Fashion*. Thames & Hudson, 1997.

MILLER, Lesley Ellis. *Balenciaga*. V&A Publications, 2007.

O'HARA CALLAN, Georgina & GLOVER, Cat. *Fashion and Fashion Designers*. Thames & Hudson, 2008.

PHILLIPS, Clare. *Jewelry: from Antiquity to the Present*. Thames & Hudson, 1996.

SCHOESER, Mary. *World Textiles: a Concise History*. Thames & Hudson, 2003.

SHERROW, Victoria. *Encyclopedia of Hair*. Greenwood Press, 2006.

STEELE, Valerie. *Fashion Italian Style*. Yale University Press, 2003.

STOREY, Nicholas. *History of Men's Fashion*. Pen & Sword Books, 2008.

WILCOX, Claire & MENDES, Valerie. *Twentieth Century Fashion in Detail*. V&A Publications, 2009.

Sites

WWW.LESARTSDECORATIFS.FR

WWW.METMUSEUM.ORG/WORKS_OF_ART/THE_COSTUME_INSTITUTE

WWW.MODEAPARIS.COM

WWW.STYLE.COM

WWW.VAM.CO.UK

Índice

Índice

Agradecimentos

AGRADECIMENTOS DA AUTORA

Sou grata à Caroline Earle e a todos da Ivy Press pela ajuda na elaboração deste livro. Informações sobre itens na V&A Collections foram obtidas no excelente site que eles mantêm e em diversos artigos de Amy de la Haye, Lucy Johnston, Valerie Mendes, Lesley Ellis Miller e Claire Wilcox. Como se percebe pela bibliografia, uma quantidade imensa de fontes foi consultada para produzir este trabalho. Finalmente, gostaria de agradecer aos amigos e familiares pelo encorajamento e pela compreensão.

CRÉDITOS DAS FOTOGRAFIAS

Agradecimentos especiais a Elaine Lucas, Meghan Mazella e Christopher Sutherns, da V&A Images, por todo o esforço e apoio. A Ivy Press também agradece às seguintes organizações pela permissão para o uso de imagens: Cartier, Fundació Gala--Salvador Dalí, Schiaparelli, Hans Stofer, Tiffany & Co., Van Cleef & Arpels e Vivienne Westwood.

Por todas as imagens cortesia e © V&A Images, Victoria and Albert Museum, exceto pelas seguintes:

© Cecil Beaton, V&A Images, Victoria and Albert Museum: 4, 75E, 77SE, 90, 91SE, 196, 197, 199D, 199IE, 213 ID, 256.

Catwalking.com: 13D, 13E, 14D, 17D, 17C, 18D, 19CD, 21ID, 22E, 23D, 23C, 24D, 25C, 26E, 27C, 28E, 29E, 30E, 31D, 35E, 36E, 38E, 39E, 44, 45ID, 51C, 63E; 63D, 65D, 67D, 68, 71D, 75D, 75C, 79E, 80D, 81E, 82D, 85D, 85C, 87D, 93IE, 94E, 97D, 98E, 101E, 102D, 103, 103C, 105E, 105D, 108, 110D, 111D, 111C, 112C, 121D, 122E, 123D, 123E, 126E, 127C, 127E, 128D, 128E, 129D, 130E, 131D, 132E, 133E, 133D, 133C, 134D, 135SE, 136E, 138D, 142E, 143C, 145D, 147E, 148D, 150E, 151D, 157D, 158D, 161D, 163C, 171ID, 172ID, 172E, 173SD, 175SE, 175D, 177E, 179D, 183SE, 183IC, 183SD, 185D, 189ID, 190D, 193D, 194D, 209D, 217C, 227C, 227D, 233D, 233C, 235C, 235E, 236, 237D, 237C, 238, 239E, 240, 241, 242, 243D, 243E, 245D, 245C.

Corbis: 33E; Bettmann: 32D, 24E, 167D; Kipa: 213SD; Kurt Krieger: 216E; Bob Linder/Sygma: 214E; Toby Melville/Reuters: 223IE; Sunset Boulevard: 110E, 219E; Sion Touhig/Sygma: 209IE; Pierre Vauthey/Sygma: 232E; WWD/Condé Nast: 186, 243C, 244E.

© John French, V&A Images, Victoria and Albert Museum: 1, 5, 27D, 54, 71E, 89, 99D, 125, 129SC, 134E, 137E, 155, 157C, 160D, 166D, 180, 181, 182, 193IE, 193SE, 221D.

Getty Images: 163D, 220D, 222D; AFP: 239ID; Apic: 47E; Dave Bennett: 96D; Junko Kimura: 34IE; Donato Sardella/WireImage: 205SE; Time & Life Pictures: 184E, 229SE, 239SD.

© Harry Hammond, V&A Images, V&A Theatre Collections: 37E, 72, 78E, 88, 102E, 109ID, 118D, 126D, 136D, 147SD, 168, 176, 177SD, 179IE, 210, 211, 212D, 217SE, 217D.

The Kobal Collection/Paramount: 7, 124, 135I, 170E.

Feita por Sue Lawty: 62SE.

Cortesia da Levi Strauss & Co. Arquivos, São Francisco: 116D.

Mary Evans Picture Library: 23E; National Magazine Company: 91SD, 160E.

© Andrew Pitcairn Knowles, V&A Images, Victoria and Albert Museum: 140, 150D, 163E.

Rex Features/Jeanette Jones: 153D; Sipa Press: 204D.

RMN/Droits réservés: 229SD.

Schiaparelli France SAS: 12D, 29S, 53SE, 57IE, 139D, 195SD, 198SE.

Cortesia de Schott NYC: 114E.

Cortesia de John Smedley: 152D.

Topfoto: 117R.

Todos os esforços foram feitos para o devido reconhecimento das fotografias. Pedimos desculpas caso tenha ocorrido alguma omissão involuntária.